学习新思想 做好接班人
扣好人生第一粒扣子

新时代爱国主义教育丛书

做堪当新时代重任的接班人

第一辑 青年版

《做堪当新时代重任的接班人》编写组◎编

U0782636

江西人民出版社
Jiangxi People's Publishing House
全国百佳出版社

《做堪当新时代重任的接班人》编委会

主 任
梁 菁 万 强

副主任
黄心刚

编 委
（以姓氏笔画为序）

万 强　　王 翱　　王志能　　王梦琦
王醴颉　　尹文旺　　匡 正　　刘小莲
杨九胜　　余玉荣　　徐梦乔　　郭 锐
黄心刚　　梁 菁　　黎志辉　　戴江平
魏如祥

本册撰稿
尹文旺

本册供图
江西共青团　　大江网

前　言

少年强则中国强，青年兴则国家兴。

2022 年 5 月 10 日，习近平总书记在庆祝中国共产主义青年团成立 100 周年大会上指出："要立足党的事业后继有人这一根本大计，牢牢把握培养社会主义建设者和接班人这个根本任务，引导广大青年在思想洗礼、在实践锻造中不断增强做中国人的志气、骨气、底气，让革命薪火代代相传！"习近平总书记从确保党的事业薪火相传和中华民族永续发展的战略高度，为新时代做好党的少年儿童工作、推动青年运动蓬勃发展指明了前进方向，注入了强大动力。

在全面贯彻落实党的二十大精神、深入开展学习贯彻习近平新时代中国特色社会主义思想主题教育的热潮中，为引导广大青少年更好地了解共青团、少先队的光荣历史，坚定前进信心，立大志、明大德、成大才、担大任，努力成为担当民族复兴大任的时代新人，我们特别策划了新时代爱国主义教育丛书"做堪当新时代重任的接班人"。丛书为不同年龄段读者展示了 100 多年来中国共产党领导下的共青团和少先队组织的光辉历程、光荣事迹、光彩人物。我们希望本丛书能够成为引导广大青少年树立远大理想、热爱伟大祖国、担当时代责任、勇于砥砺奋斗、练就过硬本领、锤炼品德修为的生动读本，成为激励广大青少年为实现中华民族伟大复兴中国梦而勤奋学习、努力奋斗的动力源泉。

青少年朝气蓬勃，是全社会最具活力、最具创造性的群体。"世界是你们的，也是我们的，但是归根结底是你们的，你们青年人朝气蓬勃，正在兴旺时期，好像早晨八九点钟的太阳。希望寄托在你们身上。"60 多年前毛泽东同志的激情勉励言犹在耳。在实现中国梦的征途上，新时代的青少年必堪当重任，有所作为，不负时代！

编 者

2023 年 6 月

目 录

第一篇

在救国救亡中登上历史舞台

鸦片战争后，中国逐步沦为半殖民地半封建社会，中国人民处于深重苦难之中。无数仁人志士不屈不挠、前赴后继，进行了可歌可泣的斗争，进行了各式各样的尝试，但终究未能改变旧中国的社会性质和中国人民的悲惨命运。俄国十月革命一声炮响，给中国送来了马克思列宁主义，陈独秀、李大钊等一批先进青年积极传播马克思主义。1921年，在嘉兴南湖上的一艘小船上，中国共产党宣告成立。这一开天辟地的大事变，深刻改变了近代以后中华民族发展的方向和进程，深刻改变了中国人民和中华民族的前途和命运。随着马克思主义在全国的传播，江西涌现出一批宣传马克思主义的进步社团，不仅为近代江西注入了新的政治、思想和文化基因，也为身处迷雾中的江西人民点亮了无产阶级革命的明灯，江西人民的革命斗争从此有了坚强的领导核心。

1. 中国青年的觉醒

 **导 语**

　　"天下兴亡，匹夫有责"，青年人总是对新事物抱着乐见其成的态度。辛亥革命的胜利成果最终虽被窃取，但它在思想上使民主共和的观念深入人心。辛亥革命成功推翻了封建帝制，但并没有实现真正的民族独立和政治民主，这让中国先进知识分子意识到资产阶级共和国的方案救不了中国，需要进行新的探索为中国谋求新出路。新文化运动作为辛亥革命在思想文化领域的延续，使人们的思想得到空前解放，也使中国青年积极投身于救亡图存、振兴中华的事业当中。

　　中国青年的觉醒与奋起是与中国近代爱国民主运动紧密联系在一起的。1840 年，英国发动了侵略中国的鸦片战争，用炮舰打开了中国的大门。1842 年 8 月，清政府被迫与英国签订了中国近代史上第一个丧权辱国的不平等条约——中英《南京条约》。从此，侵略者纷至沓来，从 1840 年到 1905 年的 65 年中，中国人民一直被笼罩在列强侵略的战火与硝烟之中。

1911 年 10 月，以孙中山为代表的中国资产阶级革命派领导和发动辛亥革命，推翻了清王朝。1912 年 1 月 1 日，中华民国成立，结束了在中国延续了几千年的君主专制制度，在中国大地上第一次树立起民主共和的旗帜，有力地促进了中华民族的觉醒，推动了中国人民的思想解放，也为中国先进分子探索救国救民的道路拓宽了视野，为中国的进步潮流开启了大门，但是由于这场革命缺少明确而完整的反帝反封建纲领，没有广泛发动人民群众，没能形成一个可以将这场革命进行到底的坚强有力的革命政党，最终还是以同旧势力妥协而以失败告终。辛亥革命以后，帝国主义列强在中国的势力并没有削弱，封建势力依旧占据中国的统治地位，中国依然是半殖民地半封建社会，中华民族依旧处在苦难的深渊之中。

在辛亥革命酝酿和发生的过程中，中国社会的政治和经济结构发生了一系列重大的变化。与传统的告别，对未来的憧憬，个体的觉醒，观念的更新，纷至沓来的人生感触，以及五花八门的学说、思潮和"主义"……所有这些，在人们的胸怀中冲撞着、激荡着。这就促使一批较早接受近代西方文化、在一定程度上摆脱了封建束缚的知识分子，其中相当一部分是青年人，怀着对国家大事和社会政治的强烈参与意识和极大的热情，开始思考民族复兴的出路和国家的未来。他们当中的先进分子在辛亥革命时期，始终冲锋在前，在辛亥革命之后虽然一度处于苦闷和彷徨之中，但是他们并没有心灰意冷，依然在执着地寻求救国救民之路。辛亥革命后，军阀割据和政局动荡的社会局势，某种意义上造成了中国前所未有的自由氛围，这也为这些中国先进分子的探索和追求提供了一定的便利条件。这种情况预示着一场新的革命风暴正在孕育，一些新的社会群体即将出现，一条新的民族复兴之路也将被开辟出来。

1915年，以陈独秀、李大钊为主要旗手发起的新文化运动，是辛亥革命在思想文化领域的延续，成为近代中国第一次规模空前的民主启蒙运动和思想解放运动。新文化运动唤醒和增强了进步知识青年的爱国热情和民主意识，使他们的思想进一步从封建主义的枷锁中挣脱、解放出来。1917年俄国十月革命爆发后，介绍、宣传十月革命和马克思列宁主义，成为新文化运动的一项重要内容。一批苦苦寻求中国出路的先进青年，由此受到了震动和鼓舞，开始了新的觉醒。

1919年5月，巴黎和会外交失败的消息一传到国内，立即使得中国的知识界和中国青年知识分子感到异常的愤慨，他们的爱国热情迅速迸发出来。五四运动学生领袖许德珩回忆说："5月2日，我从蔡校长那里听到了这个晴天霹雳的消息，便约集参加《国民杂志》社的各校学生代表，当天下午在北大西斋饭厅召开了一个紧急会议，讨论办法。高工的一位学生代表夏秀峰当场咬破手指，写血书，大家激动得眼里要冒出火来。于是发出通知，决定5月3日（星期六）晚7时在北河沿北大法科（后来的北大三院）大礼堂召开全体学生大会，并约北京13个中等以上学校代表参加。"5月3日本应是周末休息的时候，但是北大校园内却沸腾起来。学生无心读书，也无心娱乐，都怀着赤诚的心和满腔的怒火奔向北河沿法科礼堂。在夜幕降临的时候，北河沿法科礼堂里里外外挤满了来开会的学生。除北京大学1000多名学生参加外，还有北京十几所学校的学生代表。会议开始后，许多学生在会上发言。北大法科学生谢绍敏悲愤填膺，当场将中指啮破，裂断衣襟，血书"还我青岛"四字，揭之于众，这就更激起了全体学生的爱国情绪。会议结束时，已经是深夜11点，这次会议决定，第二天齐集天安门，举行学界大示威，五四运动由此爆发。

五四运动时期，正是中国社会处在急剧变革的时期。在各种社会力量纷纷登场，各种社会潮流交错复杂的情况下，当时的青年学子内心面临着各种彷徨与苦闷。国家的落后，民族的劣根性，黑暗势力的强大，自身力量的渺小，以及前途的渺茫，都曾经深深地困扰过他们。然而，这些学子的可贵之处在于，无论情况多么复杂，他们始终坚持着自己投身社会、振兴国家的理想，即使他们的理想与现实之间存在巨大的差距，他们的亲人都反对他们的活动，

五四运动震撼江西

社会上的各种官僚、资本家对他们做出重重的威逼利诱，他们都义无反顾，追求光明、进步与自由。

五四运动，以彻底反帝反封建的革命性、追求救国强国真理的进步性、各族各界群众积极参与的广泛性，推动了中国社会进步，促进了马克思主义在中国的传播，促进了马克思主义同中国工人运动的结合，为中国共产党成立做了思想上干部上的准备，为新的革命力量、革命文化、革命斗争登上历史舞台创造了条件，是中国旧民主主义革命走向新民主主义革命的转折点，在近代以来中华民族追求民族独立和发展进步的历史进程中具有里程碑意义。

五四运动在赣南

五四运动的消息传到赣南后，赣州省立第二师范、省立第四中学、省立赣县乡村师范学校（即甲种农校）等校的学生最先响应。

1919年6月1日，赣州各中、小学生3000多名学生，齐集卫府里举行集会。会上，各学校学生代表纷纷登台发表演说，揭露外国列强的侵略罪行和北洋军阀政府的卖国行径。大会还发出通电，声援北京学生的斗争，强烈要求北京政府拒绝和约签字，取消"二十一条"，惩办卖国贼。会后，青年学生举行游行示威。他们从八角井（今东北路）出发，沿市中心排楼街（今阳明路）、棉布街（今解放路）前进，并振臂高呼"严惩国贼""拒绝和约签字""还我青岛""废除二十一条"等口号，表现了赣南青年学生反帝反封建的革命气概。游行队伍沿途还散发和张贴了各种爱国宣传单。

在赣州学联的领导下，赣州声援五四运动进入了新的阶段。7月，赣州学联邀请商界、教育界的代表共同成立"劝用国货会"，发表抵制仇（日）货宣言，组成"仇货检查队"。在赣州城青年学生的带动下，声援五四运动浪潮追及赣南的南康、兴国、于都、宁都、信丰、大余、上犹、崇义、瑞金、石城、龙南等广大地区。

2. 江西党团组织的成立

 导　语

　　江西党团组织创立于 20 世纪 20 年代，是由一批经受了五四运动洗礼、具有初步共产主义思想的江西青年知识分子发起组织的。经过五四爱国运动的斗争实践，江西涌现出赵醒侬、袁玉冰等一大批先进的知识分子，他们纷纷组织进步团体，创办进步刊物，开展新文化运动，传播马克思列宁主义，为在江西建立地方党团组织作了思想上的准备。江西党团组织成立后，以马克思列宁主义为信仰，积极带领进步青年投身到中华民族伟大复兴的事业中。

　　在 19 世纪 90 年代，随着帝国主义对中国资本输出和瓜分浪潮的出现，社会上出现了十分广泛的救亡图存的浪潮。在这股救亡图存的浪潮中，伴随着中国社会阶级分化的加剧，在中国社会中开始萌生第一批"无科第，无官阶"的平民知识分子，形成第一批近代知识分子群和青年学生群。这个新的社会群体满怀政治热情开始投入社会政治生

活中，从而使中国青年作为一支新的社会力量开始集结和形成。这个近代知识分子和青年学生群，虽然一时尚无法完全摆脱封建意识形态的束缚，在心态上依然是中国士大夫传统的承袭，但是毕竟在政治上、思想上和文化上接受了西方的自由、民主和个人主义，以及近代的科学文化知识，因此他们从各自的观念和立场出发，或者会同于社会上进步的封建士大夫阶层，或者会同于当时的资产阶级革命派，以前所未有的姿态向腐朽的封建文化和伦理道德乃至顽固的封建统治发起了猛烈的攻击。在早期，这支力量尽管比较弱小，并且影响范围有限，但是那种充满朝气和活力的风貌，一往无前、势不可挡的精神，却开始在社会上显露出这一新生力量的勃勃生机，展示出其必然生长、壮大的趋势。辛亥革命爆发后，几千年的封建政治体制迅速土崩瓦解。由于皇权政治体制的覆灭，以及西方文化的涌进，与"君君臣臣"连在一起的传统世界观、人生观和价值观也已经动摇、崩溃，这更为中国青年这一新的社会群体的迅速崛起提供了一个十分广阔的活动天地。

江西社会主义青年团早期组织的建立是与江西党组织的创建活动密切相连的，创建青年团早期组织是江西党组织成立后的重要活动和工作之一。

1921 年 7 月中国共产党诞生，它所通过的第一个决议中明确提出："本党的基本任务是成立产业工会。"在当时工人阶级文化水平普遍偏低的情况下，想要成立工会，首

安源路矿工人补习夜校

要之务便是提高工人群众的阶级意识和思想觉悟。为此，该决议特别设立了"工人学校"一章，设想通过开办工人学校，把工人群众发动和组织起来，进而实现组建工会的目的。1921年秋，为了把中国共产党第一次全国代表大会"党在当前的基本任务是成立产业大会"的决议付诸实践，毛泽东第一次来到江西安源，开启了为期一周的考察之旅。他深入矿井、锅炉房、工房，广泛接触工人，从谈家常入手，深入地了解到工人的疾苦和安源的阶级状况。在这里，毛泽东目睹了工人们的悲惨现状，他意识到，安源是一座"火山"，具备发动工人运动的充足条件。由于江西尚未建立中国共产党的组织，安源又处于江西和湖南两省边界，湖南籍工人在安源路矿工作的很多。1921年12月，受湖南党组织和毛泽东的委派，李立三来到安源开展工人运动，并于1922年1月在安源五福斋巷创办了第一所路矿工人补习学校，教授工人文化知识，宣讲革命道理，使安源路矿工人受到马克思主义的熏陶。这是安源工人的第一所补习学校，安源路矿工人在学习中涌现了一批工人骨干。安源工人补习学校为培养工人运动干部，建立和发展党、团、工会组织创造了条件。

1922年2月，中共安源路矿支部成立，隶属湖南支部。这是江西土地上建立的第一个中共党组织，也是中国产业工人中的第一个党支部。

1922年11月，赵醒侬受团中央的委派，从上海回江西，以南昌文化书社为活动据点，着手筹建地方团组织工作。在袁玉冰等人的帮助下，1923年1月20日，赵醒侬在南昌文化书社宣布中国社会主义青年团南昌地方团成立，为江西地方党组织的建立准备了必要的干部条件。1923年6月，中国共产党第三次全国代表大会确定了与孙中山领导的国民党合作、建立统一战线的方针，同时也提出了建设党组织的迫切任务。1924年3月，遵照中共中央指示，赵醒侬、邓鹤鸣等人在筹备国民党江西省党部的同时暗中积极筹建中共江西地方组织，在社会主义青年团中吸收优秀知识分子入党。5月，直属中共中央领导的中共南昌支部正式成立，赵醒侬任书记兼组织干事，邓鹤鸣任宣传干事。中共南昌特别支部是继中共安源支部之后，在江西建立的第二个党组织，更是负有领导全省革命斗争重任的党组织。

在南昌支部成立后，党又决定在赣江沿岸和南浔铁路沿线的南昌、九江、吉安等中心城市发展党员，建立组织，推动革命发展。随着党员队伍不断壮大，1926年4月南昌支部升格为中共江西地委，1927年1月扩大为中共江西区委，同年5月改为中共江西省委。至此，全省80个县有59个县建立了党组织，另有14个县有党员活动，党员发展到5100余人。

中国共产党江西地方组织的建立，是江西历史上的一件大事，不仅为江西注入了新的政治、思想和文化基因，也为身处迷雾中的江西人民点亮了无产阶级革命的明灯。江西人民的革命斗争从此有了坚强的领导核心。

在江西传播马克思主义的先驱

江西早期传播马克思主义的主要代表人物有方志敏、赵醒侬、袁玉冰、黄道等，他们是在江西传播马克思主义的先驱。

方志敏主要是通过开办南昌文化书社和在黎明中学讲课来传播马克思主义的。方志敏 1922 年 8 月加入中国社会主义青年团，1924 年 3 月加入中国共产党，是杰出的无产阶级革命家、军事家，是卓越的农民运动领袖，是为新中国成立作出突出贡献的英雄模范，是伟大的共产主义战士和共产党人的楷模。建党初期，他与赵醒侬等人在南昌创建了江西第一个团组织即中国社会主义青年团江西地方团，创建了中共南昌支部，是江西党团组织的主要创建人之一。

赵醒侬主要是在从事革命活动的过程中传播马克思主义的。1922 年 11 月，赵醒侬受党组织的派遣，从上海来到江西

在江西传播马克思主义的先驱

播撒革命火种。1923 年 1 月 20 日，赵醒侬、方志敏等人在南昌成立了中国社会主义青年团江西地方团（后改称"南昌地方团"）。当日，他们召开第一次会议，因团员不足 30 人，按团章规定不能选出执行委员成立团地委，只推定刘拜农为临时书记，负责一切事务。会议决定，加强对各学校的宣传工作，多介绍学生加入工会，以便向工人开展宣传，并尽力援助工会组织。

袁玉冰主要是通过撰写文章和组织马克思学说研究会来传播马克思主义的。1922 年袁玉冰从南昌二中毕业后，于 8 月到北京大学学习，结识了中国共产主义运动的先驱李大钊，先后加入了中国社会主义青年团和中国共产党。他在《新江西》季刊第一卷第三号上发表了十几篇文章，对马克思主义作了介绍，尤其是《敬告青年》这篇文章，更是一篇介绍马克思主义的代表作。同时，他还在南昌组织成立了马克思学说研究会，发展会员 50 余人。这些活动，进一步促进了马克思主义在江西的传播，袁玉冰也因之成为江西传播马克思主义的先驱之一。

黄道于 1919 年考入南昌二中，创建进步团体"鄱阳湖社"，创办进步期刊《新江西》（后改名为"江西改造社"）。1923 年秋，考入北京师范大学，结识李大钊等人。同年，加入中国社会主义青年团。1924 年，加入中国共产党，是北京市学生联合会的主要领导人之一，并任中共北师大支部书记。也是江西最早的马克思主义传播者之一，为江西党团组织的建立打下了坚实的思想和组织基础。

3. 少共国际师

在中国工农红军的队伍中，有一支罕见又特殊的部队，平均年龄只有 18 岁，党团员占比 70%，是工农红军最年轻的一支队伍。这支部队就是中国工农红军少共国际师，从闽北拿口战斗到黎川团村战斗，从广昌保卫战到血染湘江，立下赫赫战功。萧华曾经写诗赞誉："少年有志报神州，一万虎犊带吴钩。浴血闽赣锐无敌，长征路上显身手。"少共国际师在战斗中成长、战火中淬炼、战场上历练，为保卫苏维埃革命果实和中央红军战略转移作出了重大贡献和牺牲。

1933 年 2 月 8 日，在粉碎敌人第四次"围剿"的关键时刻，中共中央局向全苏区发出号召：在全中国各苏区创造一百万铁的红军来同帝国主义国民党军队作战。各苏区纷纷响应，迅速开展"扩红"运动。5 月上旬，红军总政治部在江西宁都固村召开全军青年工作会议，代表们提议创建少共国际师。总政治部将这一提议电告少共中央局，少共中央局于 5 月 20 日作出《关于创立"少共国际师"的决定》，并于 5 月 23 日向少共江西、福建、闽赣省委发出指示信，次日，少共中央局致函答复朱德、周恩来、王稼祥，决定"由江西征调四千人，福建一团二千人，闽赣一团二千人……提议将'少共国际师'编作第一军团一师"。1933 年 6 月 25 日，少共中央局发出《为创立"少共国际师"告全国劳苦青年书》，向全国青年分析了日本帝国主义侵华局势，揭露国民党甘心做其走狗的丑恶面目，号召青年加入少共国际师，打倒帝国主义，求得民族独立和工农群众的解放。苏区青年踊跃报名，整排整连整营地加入红军。仅仅三四个月的时间，中央苏区就有 1 万多名热血青年加入少共国际师。

国民党第四次"围剿"失败后，蒋介石调集重兵对全国苏区展开了更为猛烈的第五次"围剿"。少共国际师提前结束训练，投入到第五次反"围剿"的斗争中。1933 年 10 月少共国际师在闽北拿口打响出征第一战，首战告捷，歼灭敌人 300 余人，朱德、周恩来和杨尚昆发来贺电称是"铁拳初试"。随后在收复黎川的战斗中，多次承担急难险重的任务，曾以 1 个团的兵力阻击了敌军 8 个团的猛烈进攻。

少共国际师充分发挥青年人敢想敢拼、胆大心细的特点，在战斗中不断创新战备战斗模式，在闽赣地区神出鬼没，多次立下奇功，深受当地百姓的拥护。队伍虽然年轻，脸庞虽然稚嫩，但意志品质和所有的红军队伍一样经受住了血与火的考验。在石城保卫战中，为了掩护主力部队转移，1万多人的队伍最后打得只剩下一半，以血肉之躯筑起了钢铁防线。

在石城保卫战结束后，队伍补充了2000余名新生力量，不久后跟随中央红军开始长征。由于队伍政治可靠，敢打硬仗，被分配担任掩护中革军委纵队转移的重任。少共国际师迎来了建制以来最严峻的考验。由于长征初期红军辎重过多，加上湘江水流湍急，国民党意图在红军横渡湘江之际将红军一举消灭。因此，阻击敌人，为渡江红军创造条件成为最艰巨的任务。少共国际师先是在湘西延寿圩抗击敌军4个团的追击，又在界首地段掩护红军渡河。为了阻止红军渡河，敌人调集了飞机重炮对渡口进行轰炸和扫射，但是少共国际师的战士们毫不畏惧，筑起一道道人墙，为主力部队的渡江争取时间。湘江之战结束之后，少共国际师仅存2700余人，付出惨重的代价，最终胜利完成了中央的战略意图。

遵义会议之后，为了提高部队战斗力，使部队更加精干，在全军整编中，少共国际师与红一军团主力合并，完成了历史使命。中华人民共和国成立后，1955年人民军队首次授衔时，开国将帅中有17位出自少共国际师。萧华上将在回忆录中清楚地记得当年红军总政委周恩来对他和少共国际师的寄语："年轻干部带年轻的兵，这样部队

中国工农红军少共国际师中的"先锋少年"

更有朝气。"

就是这样一支部队，从 1933 年 8 月 5 日成立到 1935 年 2 月 10 日撤编，仅仅存在了 1 年零 164 天，但是少共国际师，在战斗中凝聚出了"先锋少年、淬火成钢、信念坚定、英勇向前"的精神品质，在中国革命史上留下了彪炳青史的功绩。

 知识拓展

少共国际师授旗成立

1933 年 8 月 5 日，中革军委、少共中央局、中共江西省委、江西军区、福建少共省委联合在博生县城西北郊大校场举行盛大的少共国际师授旗式。参加授旗式的中央及各省领导机关代表检阅了来自苏区各地的 8000 多名优秀健儿。首先，由中革军委代表王盛华致词。接着，全体战士宣誓："我们是工农的儿子，高举着少共国际师的旗帜，要消灭帝国主义国民党，准备以最后一滴血为着苏维埃奋斗到底！"宣誓完毕后，由阅兵总指挥陈奇涵宣布授旗员给各团授旗，授旗员声音洪亮地宣读"苏维埃付你们这面旗，委托你们领导与指挥这团战士发扬百战百胜的精神，为苏维埃奋斗。"在各团接过赤旗的时刻，全师热烈的气氛达到高潮。中革军委代表还宣布少共国际师的任命：师长陈光，政委冯文彬、政治部主任罗华明。最后，江西军区政委李富春宣读朱德总司令、周恩来总政委的贺电。至此，少共国际师宣告成立。

不到一个月，周恩来找青年部长、年仅17岁的萧华谈话，任命他为少共国际师政委，并鼓励他"年轻干部带年轻的兵，这样的部队更有朝气"。11月，陈光与吴高群对调，陈光任红2师师长，吴高群任少共国际师师长。

先后担任少共国际师师长的有陈光、吴高群、曹里怀、彭绍辉，政治委员有冯文彬、萧华，参谋长刘少卿、何廷一，政治部主任有罗华明、冯文彬、宋清泉等。

1933年9月3日，少共国际师誓师出征，全师70%是共青团员，平均年龄不到18岁，是红军最年轻的一支部队，将士们高唱《少共国际师出征歌》："我们就是少共国际师，九三日，在江西誓师出征去。高举着少共国际光辉的旗帜，坚决地勇敢地武装上前线。做一个英勇无敌的红色战斗员，最后的一滴血为着新中国……"

4. 星星之火，可以燎原

 导 语

　　第二次国内革命战争，中国共产党领导中国工农红军和中国人民为反对国民党蒋介石集团的反动统治，废除封建土地制度，建立工农民主政权而进行的革命战争。第二次国内革命战争时期是中国共产党领导新民主主义革命的重要阶段。"星星之火，可以燎原"这一科学论断，鼓舞了无数革命军人的战斗意志，激励着中国共产党人前赴后继、浴血奋战。

　　土地革命战争时期，也称作第二次国内革命战争时期。这一时期，是中国共产党领导中国人民深入开展土地革命，反抗国民党反动统治的内战时期。国共合作的第一次国内革命战争失败后，叛变了革命的国民党反动派代替了北洋军阀，企图扑灭革命，消灭共产党，残酷地镇压共产党和革命群众，中国共产党的活动被迫转入地下。

　　中国共产党和中国人民没有被国民党的屠刀吓倒，为了挽救革命，1927 年 7 月下旬，中共中央在极端危急的情况下，审时度势，决定"在南昌举行暴动"。8月1日凌晨2时，在以周恩来为书记的中共中央前敌委员会的领导下，贺龙、叶挺、朱德、刘伯承等率领军队2万余人按照预定的部署，向驻守南昌的敌军发起猛烈进攻，经过4个多小时的激烈战斗，起义军占领了南昌城。南昌起义标志着中国共产党独立领导革命战争、创建人民军队和武装夺取政权的开端，开启了中国革命新纪元。

1927年8月7日，中共中央在湖北汉口秘密召开紧急会议，即八七会议。会议确定实行土地革命和武装起义的方针，批判和揭露了陈独秀的右倾机会主义错误及其造成的严重后果。会议在大革命失败后的关键时刻，为挽救党和中国革命起到了重大作用。

八七会议后，毛泽东以中共中央特派员的身份，于9月9日，领导了湘赣边界的秋收起义，是继南昌起义之后，我党领导的又一次著名武装起义。起义后，毛泽东根据当时敌我形势，果断放弃攻打长沙的计划，转向敌人统治薄弱的农村地区，到达江西永新县三湾村时，对部队进行了改编，确立了党对军队的绝对领导，决定将党支部建在连上，内部实行民主制度，在政治上官兵平等。三湾改编从组织上确立了党对军队的领导，是把工农革命军建设成为无产阶级领导的新型人民军队的重要开端。

1927年10月，毛泽东率领秋收起义部队到达井冈山宁冈县，开始创建井冈山革命根据地。1928年4月，南昌起义军一部分转入海陆丰地区，与当地农军会合，继续坚持斗争；一部分由朱德、陈毅等率领到达井冈山，与毛泽东领导的秋收起义部队在井冈山会师，成立工农革命军第四军，后改称工农红军第四军，为进一步巩固和扩大井冈山革命根据地创造了条件。

井冈山革命根据地的创建和发展，推动了农村土地革命的深入开展。红军所到之处，燃起了阶级斗争的熊熊大火，到处呈现出一派"分田分地真忙"的革命景象。土地革命解放了农村生产力，极大地激发了广大贫苦农民革命和生产的积极性，有力地支援了红军的建设和农村革命根据地的巩固。在创建红军和农村革命根据地的过程中，以毛泽东为代表的中国共产党人，对中国革命道路进行了探索。1928年10月至1930年1月，毛泽东先后写下《中国的红色政权为什么能够存在？》《井冈山的斗争》《星星之火，可以燎原》[①]等文章。毛泽东关于红色政权的理论科学地揭示了中国革命发展的规律，科学地论证了中国红色政权能够存在和发展的原因和条件，以及工农武装割据的基本内容，提出了一条具有中国特色的农村包围城市、武装夺取政权的革命道路，标志着毛泽东思想开始形成。但是，从1927年11月至1934年10月，党内先后出现了以瞿秋白为

---

① 1930年1月5日，毛泽东为了批判党内存在的悲观思想，给林彪写了一封信，这封信就是后来收入《毛泽东选集》第一卷的《星星之火，可以燎原》。

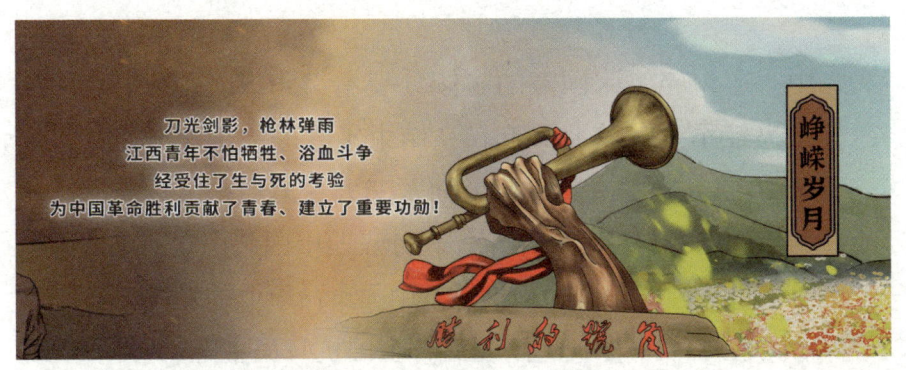

刀光剑影，枪林弹雨
江西青年不怕牺牲、浴血斗争
经受住了生与死的考验
为中国革命胜利贡献了青春、建立了重要功勋！

峥嵘岁月

胜利的号角：井冈山斗争中的青年为中国革命胜利贡献了青春、建立了重要功勋

代表的"左"倾盲动主义、以李立三为代表的"左"倾冒险主义、以王明为代表的"左"倾教条主义的错误，使革命力量遭受很大损失。特别是王明"左"倾教条主义的错误，使党在白区的党组织和工作几乎遭到百分之百的破坏和失败，使已经取得了四次反"围剿"胜利的中央革命根据地，在第五次反"围剿"中遭遇失败。中央红军被迫于1934年10月开始了二万五千里长征。

1935年1月，中国共产党召开了历史上著名的遵义会议，结束了王明"左"倾教条主义在中央的统治，确立了以毛泽东为主要代表的马克思主义正确路线在党中央的领导地位。这次会议，在革命最紧要关头挽救了党、挽救了红军、挽救了中国革命，是中国共产党历史上一个生死攸关的转折点。遵义会议后，中央红军在党中央和毛泽东的指挥下，四渡赤水、巧渡金沙江、强渡大渡河、飞夺泸定桥、翻越夹金山、越过草地，甩开了数十万敌军的围追堵截。在北上途

中，还粉碎了张国焘的右倾分裂主义阴谋。1935 年 10 月，中央红军到达陕北吴起镇，结束了红一方面军长征。1936 年 10 月，红一、二、四方面军三大主力会师，标志着历时两年的红军长征胜利结束，充分表明中国共产党和工农红军是不可战胜的，有力地推动了中国革命事业的发展。

在红军长征到达陕北后，全国抗日民主运动日渐高涨。1935 年 8 月 1 日，中国共产党发表了《为抗日救国告全体同胞书》，提出了建立抗日民族统一战线的主张。1935 年 12 月 9 日，北平爆发了一二九运动，很快得到上海、南京、武汉、天津等全国各大中城市学生的响应。

1935 年 12 月，党中央召开了瓦窑堡会议，批判了党内"左"倾关门主义的错误，确定了建立抗日民族统一战线的方针策略。会后，中国共产党为建立抗日民族统一战线进

1927 年 10 月毛泽东引兵井冈山

行了大量艰苦、复杂的斗争。1936年12月12日，西安事变爆发，中共中央确定了用和平方式解决西安事变的方针，迫使蒋介石接受联共抗日的主张。西安事变的和平解决，对推动国共再次合作、团结抗日起了重大的历史作用，成为由国内战争走向抗日民族战争的转折点。

 知识拓展

井冈山革命根据地

井冈山革命根据地是土地革命战争时期，中国共产党在湖南、江西两省边界罗霄山脉中段的井冈山地区创建的革命根据地，也是第一个农村革命根据地。

1927年10月，毛泽东率领经三湾改编后的秋收起义部队到达井冈山，开始点燃星星之火，在井冈山开展土地革命、游击战争，建立革命政权和赤卫队，至1928年2月底，第一个农村革命根据地初步建成。1928年4月28日，朱德、陈毅率南昌起义保留下来的部队和湘南起义的工农革命军来到井冈山，与毛泽东领导的部队会师，成立了工农革命军第四军。12月，彭德怀、滕代远率领中国工农红军第五军主力到达井冈山。此后，红军粉碎了敌人的多次"进剿""会剿"，根据地不断扩大。

井冈山革命根据地的建立，点燃了"工农武装割据"的星星之火，开辟了一条农村包围城市、武装夺取政权的新道路。

5. 抗日救国的先锋

导 语

　　中国共产党及其领导下的共青团始终是中华民族和中国青年根本利益的忠实代表。在抗日战争前夕，根据中共中央的决定，中国共青团组织被改造成为群众性的青年抗日救亡组织。1937 年 7 月进入全面抗日战争时期后，这些青年抗日救亡组织在中国共产党的领导下，高举抗日民族统一战线的旗帜，团结中国各民族、社会各阶级及各界别的青年，同日本侵略者和国内卖国投降势力进行坚决的斗争，为夺取中国抗日战争的最后胜利作出了重要的贡献。

　　1931 年 9 月 18 日，日本帝国主义侵略者用突然袭击的方式发动了九一八事变，开始了妄想变中国为其独占的殖民地的侵略战争。面对日本侵略者的暴行，中国人民义愤填膺，纷纷要求国民党当局反击日本帝国主义的侵略，各地迅速掀起由青年学生发起、各界民众参加的声势浩大的抗日救亡运动。

1931 年 9 月 21 日，共青团中央发表《告全国青年书》，号召全国青年起来罢工、罢课、罢市，抗议日本帝国主义的侵略暴行，要求国民党政府出兵抗日。9 月 22 日，中共中央作出决议，号召全国人民进行广泛的反对帝国主义暴行的群众运动，要求各级党团组织加强学生工作，推进和发展群众性的反对帝国主义运动。地处沦陷区——东北境内的党团组织在组织民众开展抗日救亡运动的同时，还积极发动团员青年参加和支援国民党爱国将领统率的军队对日作战，或者直接创建抗日武装力量，走上抗日的战场。东北青年积极响应党团组织的号召，投身到抗日部队和抗日义勇军中，少年连、少年营、少年铁血队、少年先锋队遍布各抗日部队中，共青团组织也在抗日部队中有一定的发展。

　　就在中国共产党开始调整自己的政策和策略的时候，日本侵略者加紧了侵略中国的步伐。从 1935 年 1 月开始，日军通过制造一系列侵略事件，迫使国民党当局签订了《何梅协定》和《秦土协定》，同时还大力收买汉奸，策动华北五省"自治"，从而轻而易举地控制了华北大部分地区。中华民族陷入了空前严重的民族危机。青年学生们再也不能安心读书了，他们发出了"华北之大，已经安放不下一张平静的书桌了"的呐喊。12 月 9 日，北平（今北京）的青年学生在党团组织的领导、发动下，冒着刺骨的寒风，冲破军警的重重阻挠，聚集到国民党军事委员会北平分会门前，向国民党北平当局请愿。当爱国学生提出的爱国民主要求遭到拒绝后，爱国学生随即将请愿改为示威。青年学生高呼"打倒日本帝国主义""反对华北自治""停止内战，一致对外"等口号沿街行进。当示威队伍行至王府井时，遭到国民党军警大刀、棍棒、皮鞭、水龙的镇压，有30多人被捕，数百人受伤。

为了抗议北平国民党当局镇压学生爱国行动的暴行，12月12日，北平学生再次举行示威游行，高呼"援助绥远抗战""各党派联合起来"等口号，这是中国共产党领导的一次大规模学生爱国运动。在一个月的时间里，几乎全国各大中小城市学生都行动起来了，他们纷纷举行声势浩大的示威活动声援北平学生。参加救亡活动的学生人数急剧增长，党团组织也在斗争中得到发展，成为抗日救亡运动的领导力量。一二九运动的发展，很快超出了学生运动的范围。工人阶级迅速行动起来，文化界、妇女界、民族资产阶级、社会名流、学者等都发出通电和宣言，支持学生运动，要求团结御侮，抗日救国。由北平学生点燃的抗日救国烈火，已成燎原之势。

1938年10月，日本侵略军占领广州、武汉以后，中国抗日战争逐渐转入相持阶段。在这个阶段中，中国共产党领导的抗日游击战争普遍展开，构成了与正面战场相呼应，在战略上互相支持、互相配合、互相策应的独立的广大敌后战场。抗日游击战争和敌后抗日根据地是互为依存

据统计
长征途中
几乎每走一公里
就有3名赣南籍战士倒下

抗日救国的先锋

的，没有游击战争，根据地无法存在和发展，但是没有根据地的巩固和发展，游击战就不能长期坚持。因此在这个阶段，党领导的敌后抗日根据地迅速发展起来。伴随根据地的发展，在抗日根据地中绝大部分青少年都被组织起来，15至23岁的青年，不分阶级、信仰、职业、性别，参加青年救国会（简称"青救会"），15岁以下的少年儿童也被抗日儿童团组织起来。到1941年春，有组织的青救会会员的数量达到100万人以上。各根据地青救会的组织领导机构是青救会执行委员会，日常办事机构为常务委员会，下设主任、副主任、组织部、宣传部、生活改善部、武装部、儿童部等领导职务和职能部门，承担完成日常工作的任务。青救会执行委员会是通过边区（专区、县、区）的青年救国代表大会选举产生的。村级青救会是基层的组织，由干事会领导。干事会由村青救会员大会选出主任，由专人负责组织、宣传、武装、生活改善等工作。抗日根据地的青救会吸取了过去共青团曾出现的先锋主义"第二党"的教训，注意采取灵活的群众化、青年化的工作方式方法，注意体现青年的特殊利益和正当要求，通过有效的工作成为领导根据地青年运动的核心组织，为抗战的胜利作出了重要贡献。

 知识拓展

江西在抗日战争中的部分贡献

据江西省委党史研究室编著、2014 年由中共党史出版社出版的《江西省抗日战争时期人口伤亡和财产损失》一书记载，抗战期间，江西战场上中国官兵伤亡高达 10 余万。军队伤亡情况严重，需要大量补充兵源，在抗战 8 年中，江西征兵人数达 1037880 人，占整个国统区应征兵员人数的 7.5%，占江西省 1330 万总人口的 9.3%，实征兵员居全国第四。抗战中后期，江西大量青年学生、知识分子甚至大学教授走出书斋，踊跃从军。据《国立中正大学学生志愿从军签名簿》显示，江西志愿从军的青年学生和知识分子有万余人，均就近编入青年军第二〇八师和第二〇九师。

抗战时期，江西与四川、湖南被称为后方三大产粮省。抗战前，江西粮食经九江水运输出，以上海、武汉二地为主要销售地，还可经赣东北陆运而入皖南，经赣东陆运而入浙西，经（赣南大余县）梅岭陆运而入粤，为邻省解决粮源发挥着重要作用。

为了坚持长期抗战，保证军需民用的供应，江西的有识之士在很短的时间内在赣县、泰和、吉安等地建起了一大批关系国计民生的工矿企业。据研究估计，抗战期间江西兴办的工矿企业大约有200家，资本总额在1亿元以上。这一段时期江西工业为抗战作出了巨大贡献。

6. 解放战争中的青年

 导 语

　　青年是争取和平、民主的先锋队。解放战争时期，青年学生对促进解放战争起到了不可估量的作用。抗日战争胜利后，随着国内形势的变化，中国革命又进入了一个新的历史发展时期。为使青年群众组织适应新的形势和任务，在经过试点后，青年团组织重新建立，中国新民主主义青年团正式诞生，广大青年在党的领导下，广泛开展爱国民主运动，支援解放战争，在血与火的考验中茁壮成长。

　　1945 年 11 月底到 12 月初，国民党当局在昆明破坏和镇压各大中学校的学生和进步青年职工举行反内战、争民主的集会和罢课斗争，制造了一二一惨案。惨案发生后，在中国共产党组织的推动和领导下，一场反内战、争民主的斗争在国统区的大中城市开展起来，并得到了广泛的支持。

　　此时的中国共产党立足实际情况，根据形势发展变化，

研究青年特点，把握青年需求，不断创新工作方法，有效团结了广大青年。中国共产党抓住有利形势，将青年的学习生活诉求同政治斗争相结合，引起青年的共鸣，团结教育广大青年。由于国民党发动内战，军费激增，国统区的经济危机日益严重，通货膨胀，物价飞涨，一些工厂、商店纷纷倒闭，工人失业，广大农民群众贫病交加，众多青年失学失业，在饥饿、死亡线上挣扎。这引起了人民的强烈不满。在党的组织领导下，1947年5月20日，南京、上海、苏州、杭州等地16所专科以上学校6000余人齐集南京，举行"反饥饿、反内战、挽救教育危机"的游行示威，遭到国民党军警、特务镇压，出现了流血事件。广大青年学生不畏强暴，继续抗争。这场运动前后持续了一个月，这场运动史称"五二〇运动"。五二〇运动将反饥饿与反内战结合起来，从广泛的经济斗争进一步提高到政治斗争，使运动得到工人、市民更广泛的同情与声援，震撼全国。学生运动的高涨促进了国统区整个青年运动和人民运动的高涨，形成了人民解放战争的第二条战线，使国民党蒋介石反动政府"处在全民的包围中"，给蒋介石政府以沉重打击。毛泽东高度评价了青年学生运动，他在《蒋介石政府已处在全民的包围中》一文中指出："学生运动是整个人民运动的一部分。学生运动的高涨，不可避免地要促进整个人民运动的高涨。"

党积极组织、宣传和动员广大青年参军参战，支援

解放区广大青年
踊跃参军

前线，号召青年"保田保家打老蒋"，英勇战斗，不怕牺牲。青年以各种方式参加和支援人民解放战争。1946年6月底全面内战爆发时，人民解放军的兵力为127万人，到1948年秋战略决战开始时，已达到280万人。人民解放军兵力的补充和增长，绝大多数都是来自解放区的青年，主要是青年农民。各地青年参加民兵，在对敌斗争中，担负站岗放哨、维持社会治安、配合主力部队作战以及生产支前等任务。更多的男女青年参加各项支前工作成为担架队、运输队、民工队、参战团的主力，担负救护、慰劳等各种战争勤务。未能参军的广大青年普遍参加了民兵组织，配合人民解放军作战。解放区的青年工人、青年农民积极参加生产，保证前线各种物资的供应。国统区的广大青年，进一步开展反抗国民党反动统治的斗争。更多在后方的广大青年，为前方磨面、做衣服、做鞋袜，贡献了自己的力量。

1948年11月至1949年1月，江淮和皖西解放区的广大青年，积极支援历时65天的淮海战役。广大青年农民组织担架队和运输队，为解放军送粮送草，运送军需物资，运送伤病员。据不完全统计，江淮、豫皖苏和皖西解放区的人民群众，为支援淮海战役，共运送粮食2.1亿斤，柴草3.5亿斤，出担架12万副，动员民工160万人，使用牲口36万头。渡江战役时，为支援大军渡江，皖北广大青年在共产党的领导下，积极支前。青年船工们冒着生命危险，运送解放军渡江作战，涌现出许多青年渡江英雄船工。

1949年夏，随着人民解放战争的节节胜利，我国许多地方都先后解放。各界青年兴高采烈，他们组织宣传队、文艺演出队和慰劳队，宣传共产党和人民政府的各项政策，歌颂共产党和人民军队的丰功伟绩，欢庆人民翻身当家做主人。10月1日，中华人民共和国成立。各界青年和全国人民一起，庆祝新中国的诞生，欢呼新民主主义革命的伟大胜利。

知识拓展

"现象级"史诗电影《大决战》

1948年9月至1949年1月，中国人民解放军与国民党军队进行战略决战，先后取得了辽沈、淮海、平津三大战役的胜利，奠定了人民解放战争在全国胜利的基础。20世纪90年代初，电影《大决战》横空出世。该系列电影分为《辽沈战役》《淮海战役》和《平津战役》3部影片，总时长11个小时，是当之无愧的鸿篇巨制。它不仅用影像书写了解放战争雄浑壮丽的史诗，让观众领略三大战役的全局面貌，更以雄辩的气势向观众证明了颠扑不破的伟大真理：只有中国共产党才能领导中国。

电影《大决战》有着文献性的特点，坚持历史唯物主义观点，真实、艺术地反映三大战役的历史。真实性是表达基础，艺术性是表现要求。本着"大事不虚，小事不拘"的创作原则，进行创造性的艺术虚构，艺术虚构符合历史真实的要求，使影片内容达到了史学价值与文学价值的统一。同时，作品也极具史诗性，将纪实与写意相结合，将军事战略意义上的大决战置于时代背景中。民心所向，决定了战争的胜负走向和历史发展的必然趋势，这也是这部史诗性影片的价值取向。

第二篇

在社会主义建设中成长

从1949年中华人民共和国成立到1978年党的十一届三中全会召开，是我国社会主义革命和建设时期。这一时期，中国人民在中国共产党的领导下，实现了从新民主主义向社会主义的过渡，并在此基础上开始了社会主义建设道路的艰辛探索。这一时期，广大青年在中国共产党的领导下，以高昂的热情和十足的干劲投身到社会主义革命和建设中，在保家卫国、捍卫国家尊严、经济建设和社会主义制度建设等方面做出了突出贡献。这一时期，以毛泽东同志为核心的党中央带领全国人民，不失时机地提出了过渡时期总路线，创造性地完成了由新民主主义革命向社会主义革命的转变，使中国这个当时占世界人口1/4的东方大国进入了社会主义社会，实现了中国历史上最深刻、最伟大的社会变革。

1. 共青团更名记

 导 语

　　中国共产主义青年团是中国共产党领导的先进青年的群团组织，是广大青年在实践中学习中国特色社会主义和共产主义的学校，是中国共产党的助手和后备军。一直以来，中国共产主义青年团，以马克思列宁主义、毛泽东思想、邓小平理论、"三个代表"重要思想、科学发展观、习近平新时代中国特色社会主义思想为行动指南，很好地发扬了"党有号召，团有行动"的优良传统。

　　为了迎接和促进革命高潮的到来，中国共产党于1925年1月在上海召开了第四次全国代表大会。大会总结了国共合作一年来的经验教训，提出了无产阶级在民主革命中的领导权和工农联盟问题。这次大会还根据中国革命发展的要求，决定将中国社会主义青年团改名为中国共产主义青年团。会议通过的《大会宣言》郑重宣告："共产主义是帝国主义、军阀以及一切反革命派最恐怖的名词，我们应当很勇敢的揭示我们共产义者真面目，让他们在我们面前发抖。"

1956 年 9 月，在中共八大一次会议上，党高度评价了青年团的工作成绩，同时也对青年团工作提出了明确的要求，指出了正确的方向，为青年团正确地总结过去的工作，提出符合八大一次会议精神的工作任务打下了坚实的思想基础。10 月以后，青年团中央书记处多次召开会议，就贯彻落实中共八大一次会议精神，搞好中国新民主主义青年团第三次全国代表大会筹备工作和加强团的自身建设问题进行座谈讨论。与会书记处成员和团中央各部门、各直属单位的负责人畅所欲言，积极发表见解和意见，提出了许多富有建设性的意见，其中许多重要的思想、观点被青年团三大采纳，融入大会的重要思想理论成果。

1957 年 5 月 15—25 日，中国新民主主义青年团第三次全国代表大会在北京召开。出席大会的正式代表 1493 名，列席代表 70 名，代表着全国 92 万个基层团组织和 2300 万团员。苏联、朝鲜、罗马尼亚、民主德国、意大利、日本、法国、英国等 16 个国家 17 个青年组织的代表应邀出席了大会。

大会通过了《关于将中国新民主主义青年团改名为中国共产主义青年团的决议》。关于青年团改名一事，早在 1955 年 9 月，团的二届三中全会就通过了建议团改名的决议，并得到了党中央的批准，中共八大一次会议通过的党章在党团关系一章中，就已经使用了"共产主义青年团"这一名称。团三大通过决议则是正式完成了改名的组织程

1957 年 5 月，中国新民主主义青年团第三次全国代表大会

序。大会通过的决议指出：由于新民主主义革命在我国绝大部分地区早已完成，社会主义革命也已经取得决定性的胜利，中国新民主主义青年团已经完成自己的历史任务，广大团员正在为把我国建设成为一个伟大的社会主义工业强国而辛勤地劳动着，并且把在将来实现共产主义当作自己崇高的理想，在这种情况下，再把我们团的名称继续叫作"中国新民主主义青年团"已经不合适了。为了确切地反映我们团所担负的政治任务和广大团员的意志，大会一致通过将"中国新民主主义青年团"改名为"中国共产主义青年团"。《决议》还指出：为了继承和发扬我国青年运

动的光荣传统，应该将改名以后团的全国代表大会和过去的中国社会主义青年团、中国共产主义青年团以及中国新民主主义青年团历次代表大会相衔接，依照次序加以排列，把下次团的全国代表大会定名为中国共产主义青年团第九次全国代表大会。

这次大会修改了团的章程，通过了新的团章。依照团的章程，大会选举了第三届中央委员会。这届团中央委员会由149名中央委员，63名中央候补委员组成，在5月26日举行的团三届一中全会上，选举胡耀邦等19人为团中央常务委员，胡耀邦为团中央书记处第一书记，刘西元、罗毅、胡克实、王伟、梁步庭、项南为书记处书记。

青年团三大召开期间，毛泽东写出了《事情正在起变化》一文，这标志着从1957年春天开展的整风运动的主题开始发生转变。5月25日下午，毛泽东、刘少奇、周恩来、朱德、陈云、邓小平等党和国家领导人接见了青年团三大的全体代表，与大家合影留念。在接见代表时毛泽东即席讲话。他说："你们的会议开得很好。希望你们团结起来，作为全国青年的领导核心。""中国共产党是全中国人民的领导核心。没有这样一个核心，社会主义事业就不能胜利。""你们这个会议是一个团结的会议，对全中国青年会有很大的影响。我对你们表示祝贺。""同志们，团结起来，坚决地勇敢地为社会主义的伟大事业而奋斗。一切离开社会主义的言论行动是完全错误的。"

青年团的三大是在新中国发展历史上一个十分特殊时期召开的一次会议，所以，尽管这次会议通过贯彻中共八大一次会议精神，对第一个五年计划期间的共青团工作进行了很好的总结，为青年运动的健康发展创造了条件，但是由于之后的国内政治形势发生的变化，此次大会提出的一些积极建议和正确意见，没有能够付诸实施。

 知识拓展

共青团的三次更名

共青团的历史上经历了三次更名。分别是：中国共产主义青年团、中国新民主主义青年团、中国共产主义青年团。1920年10月，开始组织社会主义青年团。1922年5月召开了团的第一次全国代表大会，确定了中国社会主义青年团为中国青年无产阶级的组织，是为完全解放无产阶级而奋斗的组织。使用的名称是"中国社会主义青年团"。

1. 中国共产主义青年团（1925.1—1936.11）

1925年1月，中国社会主义青年团召开了第三次全国代表大会，决定把中国社会主义青年团改名为中国共产主义青年团。

2. 中国新民主主义青年团（1949.1—1957.5）

1949年1月1日，党中央发布了《关于建立中国新民主主义青年团的决议》，并公布了团章草案，正式决定在全国普

1949 年 4 月，中国新民主主义青年团第一次全国代表大会

遍建立新民主主义青年团组织。同年 4 月，召开新民主主义青年团第一次全国代表大会，宣告中国新民主主义青年团成立。

3. 中国共产主义青年团（1957.5 至今）

1957 年 5 月，中国新民主主义青年团召开第三次全国代表大会，决定把团的名称改为中国共产主义青年团。共青团的全国领导机关为团的全国代表大会和它产生的中央委员会。共青团中央机关报刊是《中国青年报》和《中国青年》杂志。

2. 抗美援朝的青年力量

 **导 语**

　　抗美援朝，又称抗美援朝运动或抗美援朝战争，是 20 世纪 50 年代初爆发的朝鲜战争的一部分，仅指中国人民志愿军参战的阶段，也包括中国人民支援朝鲜人民抗击美国侵略的群众性运动。

　　1950 年 7 月 10 日，"中国人民反对美国侵略台湾朝鲜运动委员会"成立，抗美援朝运动自此开始。10 月 25 日，中国人民志愿军打响赴朝后的第一次战役，拉开了抗美援朝战争的序幕。1953 年 7 月，《朝鲜停战协定》签订，抗美援朝战争胜利结束。1958 年，志愿军全部撤回中国。

　　1951 年，党中央决定将 10 月 25 日定为抗美援朝纪念日。

　　抗美援朝战争中，中国人民志愿军正是靠着向死而生的英勇决绝，才形成了压倒一切的英雄气概。据统计，与敌人同归于尽的杨根思式英雄有 44 名，用身体堵敌人枪眼的黄继光式烈士有 6 名，舍身炸毁敌人火力点的董存瑞式烈士有 9 名，为救朝鲜妇女儿童而牺牲的罗盛教式烈士有 6 名。他们身上展现出为了国家和民族、为了党和人民随时准备牺牲一切的革命英雄主义精神。经过两年零九个月的浴血奋战，中国人民志愿军创造出人类战争的奇迹，用鲜血和生命赢得了历史性的伟大胜利，捍卫了新中国的安全和尊严，十几万英雄儿女长眠于朝鲜半岛的土地上。抗美援朝战争的胜利，得益于中国人民不畏强敌、敢于斗争、敢于胜利、上下一致、同心协力、团结对敌，汇聚了中华民族反抗外来侵略的决心和力量，形成了中华民族的强大凝聚力。和平来之不易，吾辈应当自强。铭记历史，缅怀先烈，无论时代怎样发展，我们作为华夏子孙也永不能忘怀。

邱少云，1926 年生，四川省铜梁县人，1949 年 12 月参加中国人民解放军，1951 年 3 月参加中国人民志愿军赴朝参战，参加了抗美援朝战争第五次战役、巩固阵地作战及战术反击战。

1952 年 10 月 11 日，志愿军第十五军在铁原东北 391 高地反击战打响了。391 高地位于铁原东北 10 公里处，山势险要，有敌军 1 个加强连驻守，是敌军安在志愿军前沿阵地的一个"钉子"。拔掉这个"钉子"不仅可以改善志愿军的防御阵地，而且可以对敌军形成威胁。从志愿军前沿阵地到 391 高地，中间有 3000 米的开阔地。为了缩短队伍冲击距离，使战斗发起具有突然性，该军第二十九师第八十七团组织 500 余名战士，在当晚夜间隐蔽潜伏在距敌军只有 60 米的草丛中，邱少云就是其中的一名战士。12 日中午 12 时，突然飞来 4 架敌机，在潜伏区投下几颗燃烧弹，有一颗落在离邱少云 2 米的地方，四散飞迸的燃烧液溅到他的腿上，身上的伪装烧着了，火苗往上冒，顿时火团把他包围了。邱少云身后有一条水沟，只要后退几步，在泥水中打个滚，身上的烈火就可熄灭。但他深知，这样会被山顶上的敌军发现，暴露目标。为了不暴露队伍的行动意图，也为了 500 多名战友的生命安全及整个战斗的胜利，他严守潜伏纪律，在烈火烧身时，不惊慌，不呼救，坚定地趴在地下，忍着剧痛，咬紧牙关，一声不吭，岿然不动。烈火在他身上燃烧了 30 多分钟，邱少云光荣牺牲。至下午 17 时，已经潜伏了 19 个小时的第三营在炮火支援下，突然向守军发起冲击，经 40 多分钟的战斗，攻占了 391 高地，全歼南朝鲜军第九师第五十一团一个加强连。邱少云为这次反击战的最后胜利，在烈火持续的燃烧中献出了年轻的生命。

胡修道，1931 年 10 月生，四川省金堂县人。1953 年 1 月加入中国新民主主义青年团。1951 年 6 月参加中国人民志愿军入朝作战，参加了抗美援朝战争第五次战役、夏秋季防御作战、巩固阵地作战、战术反击战及上甘岭战役。

1952 年 11 月 5 日，在上甘岭战役中，胡修道和班长等 3 人坚守在 597.9 高地的一个阵地上，敌军 200 多人蜂拥般向他们涌来。在兵力悬殊的情况下，他们沉着应战。当敌军离阵地前沿还有三四十米时，胡修道奋力掷出几根爆破筒，班长也投出几枚手雷，炸倒七八十个敌人，其余敌军连滚带爬地逃下山去。不久，班长奉命调往别处阵地。胡修道等冒着敌军密集的炮火，又打退小股敌军的多次冲击。这时，成群的敌军快要爬上左侧不远的 10 号阵地，情况十分危急。胡修道果断地与战友滕士生带着手榴弹前去支援，打退了敌军。在滕士生负了重伤，敌军又有约两个营的兵力扑上来时，胡修道一人坚持战斗，奋不顾身地把手榴弹、手雷一个接一个地向敌军投去，不停地在敌群中爆破，最终将敌军打退，守住了阵地。在此次战斗中，胡修道连续打退敌军 41 次冲击，歼敌 280 余人，创造了战争史上的奇迹。

正是有了这些英雄们，当时的新中国才得以顽强对抗"联合国军"；正是这些英雄们，让世界看到了中国的力量。抗美援朝战争不仅奏响了一曲曲可歌可泣的英雄之歌，而且锻造出伟大的抗美援朝精神，即祖国和人民利益高于一切、为了祖国和民族的尊严而奋不顾身的爱国主义精神，英勇顽强、舍生忘死的革命英雄主义精神，不畏艰难困苦、始终保持高昂士气的革命乐观主义精神，为完成祖国和人民赋予的使命、慷慨奉献自己一切的革命忠诚精神，为了人类和平与正义事业而奋斗的国际主义精神。这是中国共产党人和中国人民军队崇高风范的生动写照，是中华民族传统美德和民族品格的集中展示，是以爱国主义为核心的民族精神的具体体现。

 **知识拓展**

电影《长津湖》的历史背景

2021 年 11 月上映的电影《长津湖》以抗美援朝战争第二次战役中的长津湖战役为背景，讲述了一段波澜壮阔的历史：71 年前，中国人民志愿军赴朝作战，在极寒严酷环境下，东线作战部队凭着钢铁意志和英勇无畏的战斗精神一路追击，奋勇杀敌，扭转了战场态势，打出了军威国威。

长津湖战役堪称人类军事史上最惨烈的战役之一。志愿军第九兵团的战士大多来自南方，可长津湖地区是朝鲜北部最为苦寒的地区，海拔在 1000 至 2000 米之间，当年又是 50 年不遇的严冬，夜间最低温度接近零下 40 摄氏度。志愿军士兵穿着的都是南方部队的薄棉袄，根本抵御不了朝鲜的严寒，但是战士们依旧士气高昂，隐没在朝鲜冰雪皑皑的群山中，完成了艰巨的战略任务。战后，美陆战第一师师长史密斯也不禁感叹："长津湖战役，是钢铁部队在和钢铁的人在作战。"没有御寒的被装，没有果腹的食物，在那种人的承受力已达极致的极端环境下，志愿军官兵拿着简陋的武器，冒着敌人猛烈的炮火和密集的弹雨，勇往直前，以大无畏的战斗精神赢得对手的尊敬。

3. 建设新中国

1949 年 10 月 1 日，庆祝中华人民共和国中央人民政府成立典礼在首都北京隆重举行，史称"开国大典"。下午 3 时许，毛泽东主席在天安门城楼上庄严宣告："中华人民共和国中央人民政府今天成立了！"军乐团高奏《义勇军进行曲》，广场中央升起第一面五星红旗。毛泽东宣读中央人民政府公告之后，举行了盛大的阅兵式。人民解放军受阅部队以胜利之师的步伐通过天安门，新组建的人民空军飞行编队矫健地飞越首都上空。傍晚，群众游行开始，工人、农民、学生、市民队伍高举红旗，纵情欢庆人民共和国的诞生。当日，全国已经解放的各大城市都举行了热烈的庆祝活动。1949 年 10 月 1 日被确定为中华人民共和国成立的日子，每年的 10 月 1 日为中华人民共和国国庆日。

在新中国成立初期，在中国共产党和全国人民面前，还存在着很多困难，面临着许多严峻考验。在中国共产党的领导下，青年团带领全国各族青年，为巩固新生的人民共和国政权开展了一系列卓有成效的工作，展现了重建的青年团组织的风采和新中国青年的崭新风貌。青年团组织也通过工作实践，得到巩固和发展，成为全国性的青年核心组织和引导全国青年积极参加新中国各项事业的光荣旗帜。

新中国成立伊始，人民政府从国民党手中接过的是一个千疮百孔的烂摊子。在1949年工农业总产值中，现代工业产值仅占17%。与抗战前最高年份相比，1949年工业总产值下降一半左右，粮食产量降低24.5%。物资匮乏，物价飞涨，人民生活困苦不堪。恢复被战争破坏的国民经济，实现国家财经状况的基本好转，成为新中国成立初期全党和全国人民的中心工作。1950年6月召开的中共七届三中全会明确向全党和全国人民提出"为争取国家财政经济状况的基本好转而斗争"的总任务和总号召。在这百废待兴的时刻，刚刚成立的青年团组织积极热烈且坚决地响应共产党和人民政府的号召，发动和带领全国各族青年和团员，同全国人民一道，为国民经济的迅速恢复而忘我劳动。

在工业战线上，为尽快恢复和发展生产，提高劳动生产率，团员青年成为一支骨干力量。沈阳机器三厂青年团员赵国有发明了"车铣结合"的操作方法，创造了工作效率新纪录，把过去加工一个"车头塔轮"的标准时间从做工 16 小时减少到 1 小时，两次被厂里评为一等功臣，并光荣出席了 1950 年在北京召开的全国战斗英雄代表会议和全国工农兵劳动模范代表会议，受到毛泽东主席的亲切接见。在赵国有的带动下，整个东北地区和全国的许多地方掀起了创造新纪录运动，有力推动了工业生产的发展。

在农业战线上，农村团员青年积极响应政府的号召，带头冲破各种阻碍农业生产的保守和迷信思想，推行新农作法，成为农业战线上革新生产技术的一支主力军。山东临邑县张法古村的 4 名团员大胆实行温水浸种，用实际行动消除了群众认为"会把种子烫死"的顾虑，使全村 400 多户人家都采用了这项技术，提高了粮食产量。在北方农村，许多女团员青年打破妇女不下地参加主要劳动的旧习俗，来到田间参加生产劳动。黑龙江省女团员郭玉兰、河北省女团员王青梅等带头参加生产劳动并做出成绩，成为农业劳动模范。为适应农业生产发展的需要，许多乡村组织了互助组和合作社，团员青年都带头参加，成为最积极的宣传者和组织者。

在文化战线上，在教育、文艺、卫生、科学研究等各个部门，无数青年为祖国和人民做出了杰出的成绩。在扫盲工作中，解放军西南军区某部青年文化教员祁建华经过反复实验，发明了"祁建华速成识字法"，即利用连音符号做辅助识字工具的方法。按速成识字法一般成人文盲在 150

个小时左右的教学时间内，可以初步会认、会讲 1500~2000
个汉字。这对于扫除文盲和半文盲、发展工农兵群众文化
教育事业和推动国家建设具有非常重要的意义，因而受到
有关方面的高度重视。中央军委、总政治部、宣传部和教
育部一致肯定了祁建华速成识字法，并在全军和全国范围
内进行推广。

新中国成立之初，相当一部分地区的社会秩序不安定。
大陆残留着 200 多万土匪和大批恶霸、特务、反动党团骨
干分子以及反动势力，反对新生人民政权的活动十分猖獗。
尤其是朝鲜战争爆发后，他们一时气焰嚣张，大肆散布谣
言，进行种种破坏和捣乱活动，不仅给生产恢复和社会稳
定带来极大破坏，而且对新生的人民政权造成严重威胁。
针对这种情况，1950 年 10 月 10 日，中共中央发出《关于
镇压反革命活动的指示》，镇反运动轰轰烈烈展开。1951
年 2 月 21 日，中央人民政府公布《中华人民共和国惩治反
革命条例》，镇反运动进入高潮。1951 年 3 月 5 日，青年
团中央、全国青联、全国学联联合发表《拥护〈中华人民
共和国惩治反革命条例〉的声明》，号召"全国青年一定要
和国内外一切反革命分子做坚决的斗争，以巩固人民民主
专政，保卫我们伟大的祖国"。广大青年在斗争中受到了
教育和锻炼，他们懂得了对敌人决不能施"仁政"，对敌人
的仁慈，就是对人民的残忍。许多青年提高了革命警惕性，

共青城是全国唯一以"共青团"命名的城市。1955 年，98 名上海青年志愿者响应党的号召来此垦荒创业

学会了识别反革命分子，他们积极检举和协助政府搜捕反革命分子。

　　在新中国成立后的几年国民经济恢复时期，在党中央的正确领导下，在全国人民的共同努力下，到 1952 年底，中国国民经济得到全面恢复和发展。工农业总产值达 810 亿元，比 1949 年增长 77.6%，主要工农业产品的产量超过新中国成立前最高水平。随着生产的发展，广大工人、农民的收入增加，人民生活有所改善。中国青年用辛勤的劳动和青春的热情与活力，为年轻的共和国增添了光彩。

知识拓展

新中国成立初期赣南国民经济的恢复与发展

新中国成立初期，赣南跟全国许多新解放地区一样承受旧秩序被破坏、新秩序尚未建立起来的经济震荡。国民党统治时期通货膨胀的影响仍在继续。1949 年，大米、棉纱两次价格大涨，平均涨幅达 3.74 倍。为了遏制涨价风潮，控制市场，赣南各级党委和政府采取有力措施，稳定经济形势，恢复和发展生产。通过组织货源、适时抛售物资、组织货币回笼等手段，打击商业投机活动；加强市场管理，实行工商业登记和牌价政策，有效稳定物价，规范市场秩序。由于赣南地处山区，农业处于自然经济状态，工业几乎空白，交通不便，商业萧条。赣南各级党委、政府在稳定物价、统一财经的同时，展开了建立国营经济和国民经济恢复的工作。1952 年，赣南全区贯彻"公私兼顾、劳资两利、城乡互助、内外交流"的基本经济方针，通过提供贷款、原材料，组织来料加工等多种方式，支持和发展私营工商业。

从 1949 年到 1952 年，在党的领导下，赣南人民用了三年时间，迅速医治了战争带来的经济创伤，胜利完成了恢复国民经济任务。赣南国民经济的恢复与发展，为改善和提高人民的物质文化生活，进行社会主义改造和建设创造了极为重要的条件。

4. 咱们工人有力量

"嘿！咱们工人有力量！"这首送给劳动人民的歌，大气磅礴！在中国式现代化建设进程中，我国涌现出大量为国家建设而艰苦奋斗的劳动模范，从杂交水稻的研制成功，粮食安全得到保障，工业上所做出一系列的突出成就，到公共卫生领域血防工作的有效展开，许许多多的青年建设者，他们在工业、农业以及各个领域上展现自己的力量，为国家建设奋斗终生。

1953 年，我国开始执行国家建设的第一个五年计划，集中力量发展重工业，建立国家工业化和国防现代化的初步基础。工人阶级和广大青年建设者们广泛开展劳动竞赛、合理化建议和群众性技术革新运动，积极投身恢复和发展国民经济、社会主义改造、巩固人民政权的实践。1957 年，"一五"计划超额完成。

1953 年，从西南农学院毕业后的袁隆平怀揣着报效祖国的赤子之心，到偏远的湖南安江农校任教，教授植物学、遗传育种、作物栽培等专业课程。为了上好这些课，他系统研究了小到植物细胞的结构，大到植物生理学、遗传学等内容。他的课堂非常注重实践，经常带着学生在实践中验证课本所学理论。1960 年发生的粮食大饥荒使袁隆平深受触动，他立志要解决当时水稻育种的世界性难题。自此，他一边在安江农校任教，一边致力于水稻育种研究。当年夏天，他在实验田发现了一棵"鹤立鸡群"的水稻植株，等到种子种下成熟后，却没有一棵子代植株的性能比得上那棵奇异的植株。袁隆平判断其是天然杂交稻，并由此入手，突破了杂交水稻研究技术路线的首个难题，提出"三系法"籼稻杂交路线，明确连续自交选育优良性状的水稻也可以产生杂种优势。"三系法"成功的关键首先是找到合适的不育系材料。1964 年，袁隆平进行大量的田野观察，并首次发现天然不育雄株。此后经过大量的科学实验汇总著有《水稻的雄性不孕性》总结性论文，该文于 1966 年被《科学通报》刊发并引起轰动。1970 年 10 月，"雄性不育野生稻"（简称"野败"）在海南被发现，一时间整个团队欣喜若狂。"野败"的发现，为多年停滞不前的三系法改良研究找到突破口。经过两年多的协同攻关，袁隆平团队于 1973 年成功地实现了三系法育种。1976 年，三系法杂交水稻在全国大面积种植，至 2000 年累计种植面积 2.53 亿公顷，增产稻谷达 3600 亿公斤，总体产量比常规水稻增产约 20%，被誉为"第二次绿色革命"。

在公共卫生方面，在血吸虫病盛行时期，一批批血防人深深眷恋脚下的土地，默默守护疫区人民的健康，他们的身影，是地平线上最美的风景。

余江（今鹰潭市余江区），曾是血吸虫病严重流行的地区。据《余江县志》记载："血吸虫病在余江县流行时间有三四百年之久，严重危害也有一两百年。从晚清到中华人民共和国成立之初，已发展得非常严重了，最高时的感染率达41%~50%，有近3万人被血吸虫病夺去生命，毁灭村庄达42个。""千村薜荔人遗矢，万户萧疏鬼唱歌"，是当年余江血吸虫病危害的真实写照。余江蓝田畈宋家村，隶属于该县平定乡——曾经是余江血吸虫疫情最严重的地方，距离县城仅6公里。蓝田畈血吸虫病最严重时，真可谓哀鸿遍野。有歌谣为证：有女莫嫁蓝田郎，头年做新娘，两年守空房。寥寥几句唱词，无奈地唱出了老百姓生活的困

消灭血吸虫病《战瘟神》

苦与凄凉。

中华人民共和国成立后，余江人民在中国共产党的领导下，积极响应党中央和毛泽东主席"一定要消灭血吸虫病"的号召，开展了声势浩大的灭螺运动，与血吸虫病进行了艰苦卓绝的斗争。1958 年 5 月 27 日，经过全面复查，江西省给余江县颁发了《根除血吸虫病鉴定书》，余江从而在全国率先取得以县为单位消灭血吸虫病的伟大胜利，在全国血吸虫病防治工作战线上，插上了"第一面红旗"。今天，当我们再次走进余江当年的血吸虫重灾区蓝田畈宋家村，看到的已经是完全不同的一番景象。

在热火朝天的社会主义建设时期，工人阶级和青年建设者们积极响应党的号召，认真贯彻落实党在过渡时期的总路线和全面开展社会主义建设的任务，以高度的主人翁精神和极大的热情投身建设高潮，迅速完成了农业、手工业和资本主义工商业的社会主义改造，创造了第一台蒸汽机车研制成功、第一辆解放牌卡车试制下线、第一架喷气式飞机翱翔蓝天等无数个"中国第一"，奠定了中国工业化的初步基础，为改变国家贫困落后的面貌、加快社会主义建设付出了艰辛的努力，创造了光辉的业绩，唱响了"咱们工人有力量"的时代凯歌，以伟大的创造力量和无私的奉献精神成为共和国的脊梁。

知识拓展

江西的工业化发展

　　回眸百年征程，江西是中国共产党领导下工业化建设的"开山之地"。1931年，第一杆枪、第一颗子弹、第一枚手雷在兴国官田中央兵工厂"下线"。新中国成立以后，第一架飞机、第一辆轻便式拖拉机、第一架多用途民用飞机、第一批海防导弹等多个"第一"都在江西诞生。披荆斩棘、从小到大，在党的领导下，江西工业体系快速建立，至2020年有全部41个工业大类中的38个，覆盖191个中类行业。航空工业洪都先后研制生产了教练机、运输机、强击机等多型号产品，积极进入大飞机、民用产品领域，助力江西航空产业做强做优做大。

　　进入新世纪，江西省委、省政府坚持以新型工业化为核心，先后实施两个三年翻番、两个三年强攻、两轮工业强省战略，江西工业驶入快车道、换车道。2020年，江西规模以上工业企业利润总额、企业数量、营业收入和全部工业增加值，分列全国第十、第十一、第十三、第十四。

5. 学习宣传贯彻过渡时期总路线

 **导 语**

　　到 1952 年，经过 3 年的实践，新中国已经在全国范围内基本完成了大规模的土地改革任务，国民经济也得到了全面恢复和初步发展，社会生活也出现了许多新的变化。中共中央为了领导全国人民继续前进，使中华民族走上繁荣昌盛、自立自强于世界民族之林的振兴之路，经过将近一年的酝酿，提出了党在过渡时期的总路线。青年团组织在党的领导下，动员全国各族青年和广大团员，跟着党前进在社会主义道路上。与此同时，青年团围绕党的中心工作，积极开展有青年特点的独立活动，为后来共青团工作的发展积累了宝贵的经验。

　　"党有号召，团有行动"，这是中国青年团的光荣传统。其实，在过渡时期的总路线，即"要在一个相当长的时期内，逐步实现国家的社会主义工业化，并逐步实现国家对农业、手工业和对资本主义工商业的社会主义改造"提出之后正式公布之前，青年团就已围绕这一精神，在党的领导下开展工作了。1953 年 4 月 10 日，青年团中央为落实总路线精神，首先发出《告全国农村青年团员书》，号召全国农村青年团员热烈响应党中央的号召，集中力量，搞好生产；宣传政策，执行政策；学好技术，提高本领。同时指出，在农业战线上，青年团已经出现了许多的劳动模范，希望所有的劳动模范都保持光荣，不要骄傲，虚心学习，团结群众，争取更大的成绩。同年 5 月 1 日，为纪念"五一"，争取完成和超额完成国家计划，青年团中央发出《告工矿交通企业团员团干部书》，号召他们和全体工人一起，积极参加劳动竞赛，努力提高劳动生产率，为完成和超额完成国家计划而斗争。有资料表明，当时在全国 22.3万名劳动模范、先进生产者和模范工作者中青年占 5 万多名。这些事实说明，青年团中央已经将学习宣传贯彻过渡时期的总路线的精神，作为对广大团内外青年最现实的共产主义人生观和道德观教育，作为日后长时期开展的政治任务来落实。

为了能够使广大团员青年立即投身到宣传、贯彻过渡时期总路线的工作中，为顺利完成社会主义改造任务作出更大的贡献，在 1953 年冬全国掀起的学习、宣传和贯彻总路线的热潮中，青年团中央于 12 月 13 日发出《关于学习和宣传国家在过渡时期总路线的指示》，要求团的各级组织，在党的领导下，组织好全体团员和全国青年学习与宣传过渡时期的总路线，并作为青年团当前和今后长时期最根本的思想建设任务来抓。各级团组织根据团中央指示，很迅速地在团员和青年中广泛开展起了学习和宣传活动：一是通过组织团干部和团员参加党所召开的各种会议或培训班，接受统一教育；二是根据自身的特点组织活动，如单独讨论自己关心的一些问题，参加和听取模范人物的报告；三是帮助青年理解总路线的全面内容和基本精神。此外，还通过真人真事和亲身体验，从政治上翻身、经济上好转、文化上提高、婚姻上自由等方面进行回忆对比，划清劳动与剥削的界限，坚定了走社会主义道路、投身于过渡时期建设中去的决心。

在学习宣传总路线的过程中，一些地方因对毛泽东主席提出的"青年团工作要照顾青年的特点"的指示理解不够，对总路线精神把握不准确，对团员、青年提出了过高过急的要求。团中央及时发现并注意到了这一情况，于是在1954年3月发出了《关于总路线教育中防止发生急躁情绪和粗暴做法的通知》。当时，党中央毛主席非常重视，批转了这个通知。团中央在该通知中分析了发生上述不正常现象的原因，认为主要是团内理论水平低，对总路线的精神实质领会不够。部分团干部对于中国社会的基本情况及党的政策还没有确切的认识，对青年团"以理服人"的教育工作的根本原则也不能很好地把握。对此，团中央指出，目前国家还允许资产阶级存在，资本主义思想就有它存在的社会基础，它的影响也就会存在，现在采取"一刀切"

的态度要求广大团员和青年立即肃清资本主义思想，显然是办不到的。同时要求各级团组织要向广大团员和青年讲清社会主义和资本主义的思想界限，指出这是一个耐心、细致、反复地进行艰苦教育的过程，在教育方法上，应当是正面启发，循循善诱，树立先进的榜样，鼓励他们追求上进，使广大团员和青年明确，只有在长期的革命实践中，方能逐渐和资本主义思想划清界限，逐渐克服资本主义思想的影响。团中央的这个通知下发各地以后，纠正了一些地方存在的不正当的做法与思想倾向，对于继续广泛地深入地进行总路线的学习和宣传，起到了积极的指导作用，使青年团对过渡时期总路线的学习和宣传的活动又走上了正常发展的轨道。

1953年10月，党中央作出关于实行粮食的计划收购与计划供应的决议，团中央立即于11月就执行党中央这个决议向全团发出指示，指出这个决议是保障国家计划建设得以顺利进行的一项重要措施，是党对农业实行社会主义改造的一个重要步骤，是党在过渡时期总路线中一项不可缺少的重大决策，而对广大团员和广大青年来说，经过这一政策的实施，必将受到一次最生动、最实际、最深刻的社会主义教育。1954年6月14日，中央人民政府委员会第三十次会议通过了《中华人民共和国宪法草案》。15日团中央便发出《关于动员和组织全国青年学习和讨论中华人民共和国宪法草案的通知》，指出深入学习和普遍宣传宪法是青年团工作的一项最重要的任务，也是对全国青年进行社会主义教育最生动最切实的课题。除此之外，青年团还通过发动农村青少年在秋收中开展减少粮食、棉花损耗活动，发动工矿企业青年职工开展增产节约，节约钢材、水泥活动，发动青年参加扫盲活动，对青年进行生动的热爱劳动、集体主义、爱国主义教育，培养青年的克勤克俭、增产节约、勤劳建设的优良作风和主人翁的责任感。

这些活动虽然不是直接地对过渡时期总路线的学习和宣传，但是通过这些活动，促进了广大青年对总路线精神的认识和理解，增强了广大团员青年学习贯彻总路线的自觉性和主动性，推进了学习宣传过渡时期总路线活动的进程，有力地配合了党和政府的中心工作。

 知识拓展

新中国江西省首次党代会的召开

中国共产党江西省代表大会是全省政治生活中的标志性事件，是江西党史的重要组成部分，在全省事业发展中占有极其重要地位。在中国共产党江西历史上，迄今共召开过15次省党代会。

1956年7月1日至21日，中共江西省第五次代表大会在庐山召开。省委书记杨尚奎代表省委作《中国共产党江西省委员会的工作报告》。这是新中国成立后江西召开的第一次党代会。大会批准了省委、省监委的工作报告，通过了相关文件决议，讨论了《中国共产党章程（修改稿）》，选举产生了由41名委员、15名候补委员组成的中共江西省第五届委员会，选举出席中共八大的代表23人、候补代表2人。7月22日至25日，省委五届一次全会召开。会议选举产生中共江西省委常务委员会和省委书记处，杨尚奎为省委第一书记，邵式平、方志纯、刘俊秀、白栋材为省委书记处书记。

江西省第五次党代会的召开，标志着江西社会主义建设和党的建设取得了新的成果。大会围绕社会主义改造和经济建设这个主题，分析形势，部署任务，提出了各项工作的原则和方针，对于夺取全省社会主义改造的全面胜利，全面开展社会主义建设事业，具有重要的指导作用。此后，江西转入全面大规模的社会主义建设。

6. 学习雷锋好榜样

 导 语

　　1963 年 3 月 5 日，毛泽东主席题词"向雷锋同志学习"，自此，全国广泛开展学雷锋活动，并将每年的 3 月 5 日定为学雷锋纪念日。这一天全国各地、各行各业都会开展各种各样的学雷锋活动。雷锋的名字家喻户晓，雷锋精神影响了一代又一代的中国人。

　　雷锋在短暂的一生中，没有做出惊天动地的业绩，只是凭着看似平凡，但却充分体现崇高思想境界的人生使亿万人深受感动。他生在旧中国，是个孤儿；他长在新中国，于 1957 年加入中国新民主义青年团，于 1960 年加入中国共产党，成为坚强的共产主义战士。他生前，在农村是劳动模范，在工厂是生产标兵、先进生产者，在部队多次立功受奖，并当选为驻地抚顺市人民代表，他的人生是全心全意为人民服务的崇高思想和艰苦奋斗的实干精神的完美结合。1961 年 4 月 19 日，《中国青年报》发表了《苦孩子——好战士》的报道，介绍了雷锋同志的动人事迹。1962 年他牺

牲后，共青团辽宁省委很快就在全省青少年中开展了学习雷锋的活动。1963年2月15日，共青团中央发出《关于在全国青少年中广泛开展"学习雷锋"的教育活动的通知》。此次教育活动由共青团组织发起，在各地党、团组织的推动下，很快便在全国范围内兴起了学习雷锋的热潮。从此，这项活动成为共青团历史上持续性最长、涉及面最广、影响最为深远的活动。

1963年3月2日，《中国青年》刊载毛泽东为雷锋题词"向雷锋同志学习"，出版"学雷锋专号"。这个专号还刊载了周恩来、董必武等其他党和国家领导人的题词或诗文。3月4日，团中央书记处书记杨海波就学习雷锋向全国青年发表题为《光辉的榜样，伟大的号召》的广播讲话。3月5日，《中国青年报》及时发表了毛泽东的"向雷锋同志学习"的题词，又于3月7日发表了刘少奇、周恩来、朱德、邓小平等党和国家领导人的题词。团中央书记处于4月3日召开办公会议，要求各级团委制定学雷锋的计划，推动活动深入发展。《中国青年报》在五四青年节发表了《论雷锋》的社论，进一步推动整个活动持续发展。共青团中央还在7月26日—8月14日在沈阳召开团的宣传工作座谈会，重点讨论了学习雷锋活动，确定要把这项活动广泛、深入、持久地开展下去。在学习雷锋活动中，团中央具体提出了学习雷锋的五个方面：一是忠实于党、忠实于社会主义事业的无产阶级立场；二是自觉服从祖国需要，以人

毛泽东题词："向雷锋同志学习"
（雷锋 摄影：周军）

民利益为重，全心全意为人民服务的精神；三是关心同志、助人为乐、毫不利己、专门利人的共产主义风格；四是坚韧不拔、勇于克服困难的意志和克勤克俭、艰苦朴素的作风；五是坚持又红又专的方向，努力学习毛主席著作，刻苦钻研业务技术，模范完成工作任务。

通过在全国范围内的大规模的宣传工作和认真的组织发动工作，在广大青少年中迅速掀起了学雷锋的热潮。在各地党、团组织的推动下，许多地方开展了写雷锋、画雷锋、演雷锋、唱雷锋的宣传活动，使雷锋的形象生动起来。各条战线的男女青年，人人都在谈雷锋、学雷锋，把雷锋当作自己进步的一面镜子，立志"学雷锋，做毛主席的好学生""像雷锋那样工作、学习和生活""做永不生锈的螺丝钉""写自己红色的历史"。至1963年3月中旬，全国各省、区、市的主要报纸发表的有关报道，共计160余万字。中央和地方的广播电台、电视台也多次播送雷锋的生平事迹和学雷锋的报道。刊登毛泽东题词的《中国青年》"学雷锋专号"，发行达300万份。《中国青年报》在40天内，收到有关学雷锋的群众来信来稿1.58万件，比以往任何一次宣传先进人物的来件要多出好几倍。解放军总政治部和团中央于3月19日—6月12日联合举办雷锋模范事迹展览会，影响很大，反响强烈，观众达80余万人次，留言2.2万多条。许多青年"探讨雷锋的精神世界，走雷锋的成长道路"，他们联系思想实际，普遍开展以解决人生观、世界观问题为主要内容的专题讨论会、"思想丰收会"，以雷锋为镜子对照自己，找出思想差距，把学习雷锋从模仿阶段上升到促进改造人生观、世界观的高度。广大青年从实际出发，继承雷锋精神，把雷锋精神融入到日常工作、生活和学习之中，把学习雷锋同国家的生产建设任务、同自己的本职工作紧密结合起来，本着"学雷锋，见行动""像雷锋那样对待劳动、对待学习、对待生活、对待困难、对待荣誉、对待同志"的态度，在实践中理解雷锋精神，落实学雷锋活动的内容。

在团中央领导下，中国少年先锋队也开展了"向雷锋叔叔学习"的活动。广大少先队员和少年儿童普遍熟知雷锋的主要事迹，踊跃地参观雷锋生平事迹展览，与雷锋班战士通信，学习雷锋日记，继承雷锋艰苦朴素的作风。通过学习雷锋，少年儿童们更加刻苦学习，在力所能及的范围内，自觉地为集体、为他人做好事。

 **知识拓展**

雷锋精神时代内涵

雷锋精神是以雷锋同志的名字命名，以雷锋的精神为基本内涵，是在实践中不断丰富和发展着的革命精神。

雷锋精神内容为热爱党、热爱国家、热爱社会主义的崇高理想和坚定信念；服务人民、助人为乐的奉献精神；干一行爱一行、专一行精一行的敬业精神；锐意进取、自强不息的创新精神；艰苦奋斗、勤俭节约的创业精神。

2014 年 3 月 11 日，习近平总书记出席十二届全国人大二次会议解放军代表团全体会议，接见部分基层代表时，对某工兵团"雷锋连"指导员谢正谊说："雷锋精神是永恒的，是社会主义核心价值观的生动体现。"

2021 年 9 月，党中央批准了中央宣传部梳理的第一批纳入中国共产党人精神谱系的伟大精神，雷锋精神被纳入其中。

第三篇

在改革浪潮中前进

1978年5月11日，《光明日报》发表了特约评论员文章《实践是检验真理的唯一标准》，引起巨大轰动。不久随后召开的中共十一届三中全会，作出了以经济建设为中心，实行改革开放的伟大历史性决策。深圳经济特区从小渔村到繁华都市翻天覆地的变化，浦东新区的开发，"经济特区—沿海开放港口城市—沿海经济开放区—内地"的全方位、多层次、宽领域的对外开放格局的形成，家庭联产承包责任制的确立，社会主义市场经济体制的建立……在中国共产党的正确领导与人民的艰苦奋斗下，人民生活水平大大提高，综合国力大大增强，中国踏上了迅速发展的道路，展现出一幅波澜壮阔的改革画卷，而江西也在这幅画卷中留下了自己浓墨重彩的一笔。江西的改革足迹展示了青年们在改革浪潮中的积极参与和重要贡献，他们在各个领域中不断尝试和探索，为江西的改革和发展做出了重要的贡献。

1. 改革春风吹满地

 **导 语**

　　1978 年 12 月 18 日至 22 日，中共中央召开了具有深远意义的十一届三中全会。这次会议从根本上冲破了长期"左"倾错误的严重束缚，重新确立了马克思主义的思想路线、政治路线和组织路线，果断地把党和国家的工作重心转移到社会主义现代化建设上来。共青团跟随党的步伐，开始了指导思想上的拨乱反正，在团的思想政治工作、带领团员青年投身经济建设、关心青年切身利益和共青团自身建设方面，逐步打开了工作局面，中国青年运动进入了一个新的历史阶段。

　　1979 年 2 月 19 日至 24 日，共青团中央在北京召开了团省、市、自治区委书记会议，这是共青团贯彻中共中央十一届三中全会精神的一次重要会议。会议着重研究了如何切实把青年团的工作重心转移到社会主义现代化建设上来的问题。会议指出，为完全适应工作重心的转移，共青团组织一定要以"四化"为中心把全团工作活跃起来，要摒弃"以阶级斗争为青年的主课"的"左"倾观点,理直气壮地把"学四化、干四化"作为新时期青年的主课。精心做好大转变中的思想工作,切实组织青年学文化、学技术、学科学,把争当新长征突击手活动推向高潮,协助党逐步解决青年中的实际问题。共青团组织要从以参加政治运动为主转到以参加生产建设为主,团的思想政治工作要从离开生产、工作、学习单搞一套转到生产、工作、学习过程中来,工作方式要从一般化、大轰大烈的活动转到和风细雨、精雕细刻、深入细致的工作中来,要从简单的行政方法转到靠用生动活泼的方法吸引青年到党的政治路线轨道上来。这次团省、市、自治区委书记会议,使广大共青团干部的思想从"左"的束缚下解放出来,标志着共青团工作开始脱离"以阶级斗争为纲"的运行轨道,逐渐转到以四化建设为中心的轨道上来。

但是,共青团工作的"左"倾思想束缚毕竟是在一个较长时期的工作中形成的,因此彻底地解决问题不可能是一朝一夕的事情。所以这次会议后,在实际工作中对于把"学四化、干四化"提为当代青年的主课,有的团干部还有犹豫,有些人不习惯、不自觉、不熟悉;如何把政治与经济、生产活动和思想教育紧密结合起来,还一时找不到一条合适的路子。这种情况表明,共青团真正实现指导思想上的拨乱反正,还面临着十分艰巨的任务。针对这种情况,团中央积极组织广大团干部关注和参加关于真理标准的讨论，通过讨论端正思想认识。1979 年 9 月 20 日至 24 日，共青团中央召开常委会，联系青年实际，学习和讨论实践是检验真理的唯一标准的问题。共青团各省、市、自治区委负责人和团中央各部、各直属单位负责人列席了会议，会议指出，从团干部的现状看，参加真理标准问题的学习和讨论更有特殊的意义。广大团干部在这次讨论中，要探索、研究当代青年和青年运动，进一步拨乱反正，解放思想，从而使团的工作更加活跃起来。

为了加强团的基层组织建设，提高团组织的战斗力，1980 年 1 月团十届二中全会决定，在全国团的基层组织中广泛开展创先进团支部的活动。先进团支部的条件是：思想政治工作好；新长征突击手活动开展好；带领青年学习好；组织建设好；团结青年好。经过一年的努力，基层的团支部建设情况得到不同程度的改善，团的活动开展得比较好的基层组织基本完成了整顿和健全领导班子的工作。1980 年 4 月 9 日，团中央办公厅印发了关于工矿企业、农村、学校共青团工作的三个《工作方法试行草案》，要求各地基层组织试行，以推进基层团支部的建设工作和保证经常性工作的开展。这一系列措施的施行，把团的几项基本工作明确起来，统一起来，并且一起落实到基层，调动了基层团干部的积极性，同时也为过去单调、呆板的团支部活动增添了活力。1980年底，全国评出了20万个先进团支部，占全国团支部总数的9%，其中有65个团支部受到团中央的表彰。

1980年10月，团中央为了切实加强团的基层组织建改工作，根据新形势的要求进一步提高团员的质量，提高团组织在青年中的威信和团组织的战斗力，相继在北京召开了共青团全国基层工作会议和团省、市、自治区组织部部长会议。会议着重讨论了如何加强团的基层组织建设，如何把创建先进团支部的活动深入下去和在全团普遍进行做一名合格共青团员教育的问题；同时就加强团员管理工作制定的几个文件征求与会同志的意见。1981年2月19日，共青团中央发出《关于普遍进行"做一名合格共青团员"教育的通知》，要求团组织对团员进行党的基本路线教育、团的基本知识教育和团员模范作用教育。同年10月，团中央在河南荥阳市召开了做一名合格共青团员教育的试点工作座谈会，以推动这一活动在全团普遍开展。经过这一系列工作，这一教育活动逐步开展起来。各地团组织根据通知精神，先调查研究，抓好试点，然后有步骤地全面展开，工作开展得比较扎实，到1982年11月，全国有80%的基层团组织开展了这项活动。经过这次教育，广大团员提高了政治觉悟，明确了团员的责任，有力地促进了团支部的建设。

　　团结教育青年一代是共青团的根本任务，加强团组织建设的目的，就是为完成这项根本任务提供组织保证。经过十年动乱后刚刚全面恢复的共青团组织，在建立和完善自身组织建设的同时，还从团结教育青年的总任务出发，在工作方式和内容上加强了拨乱反正的力度，着力体现先进青年群众组织的特色，在维护国家和人民根本利益的基础上，注意努力为青年的特殊利益服务，以更广泛地团结青年。

党的十一届三中全会的历史意义

党的十一届三中全会开启了改革开放历史新时期。我们党在新中国成立以来的历史上具有深远意义的伟大转折，是以这次全会为开端的。我们党在思想、政治、组织等领域的全面拨乱反正，是从这次全会开始的。伟大的改革开放，是由这次全会揭开序幕和开始起步的。建设中国特色社会主义的新道路，是以这次全会为起点开辟的。指导改革开放和社会主义现代化建设的强大理论武器——邓小平理论，是在这次全会前后开始逐步形成和发展起来的。一句话，党的十一届三中全会标志着中国从此进入了改革开放和社会主义现代化建设时期，中国共产党从此开始了建设中国特色社会主义的新探索。

2. 五讲四美三热爱

 **导 语**

　　1980 年 6 月，中央领导同志充分肯定了无锡第三十四中学（现无锡市青山高级中学）关于开展语言美、仪表美、行为美的审美教育活动的经验，并明确指出，在思想上、政治上和社会风气上要来一个"五讲"。1981 年 2 月 25 日，九个群众团体联合发出《关于开展文明礼貌活动的倡议》，在全国人民、特别是青少年中开展文明礼貌月活动，大兴"五讲四美"之风。这项活动又和 1981 年 8 月，中国共产主义青年团中央委员会提出的"三热爱"活动相结合，于是形成了人们所传诵的"五讲四美三热爱"经典口号。

　　讲文明、讲道德是中华民族的优良传统。新中国成立后，毛泽东即指出："中国人被人认为不文明的时代已经过去了，我们将以一个具有高度文化的民族出现于世界。"生产资料公有制的确立，从根本上消灭了阶级剥削和压迫，铲除了不文明的祸根，涤荡了剥削阶级意识和旧道德观念，

20 世纪 50 年代和 60 年代初新中国形成了举世公认的良好社会风尚。

1981 年 2 月 25 日中华全国总工会、中国共产主义青年团中央委员会、中华全国妇女联合会、中国文学艺术家联合会、中央爱国卫生运动委员会、中华全国学生联合会、中国伦理学会、中国语言学会、中华全国美学学会九个群众团体，为了响应中国共产党中央委员会关于推动社会主义精神文明建设的号召，向全国人民特别是青少年，联合发出了《关于开展文明礼貌活动的倡议》，提出开展"五讲四美"活动。1981 年 2 月 28 日中共中央宣传部、中华人民共和国教育部、中华人民共和国文化部、中华人民共和国卫生部、中华人民共和国公安部联合发出通知，支持中华全国总工会等九个群众团体开展"五讲四美"活动的倡议。开展"五讲四美"教育活动，是建设社会主义精神文明的一项重要工作，对于促进中国青少年一代的健康成长，培养有理想、有道德、有文化、有纪律的社会主义接班人，搞好社会主义现代化建设有着重要的意义。

"五讲"和"四美"是有机联系的：要通过"五讲"，达到"四美"。"五讲"即讲文明、讲礼貌、讲卫生、讲秩序、讲道德。"讲文明"，即在建设高度物质文明的同时，建设高度的以共产主义思想为核心的社会主义精神文明；"讲礼貌"，即发扬中国崇尚礼节的优良民族传统；"讲卫生"，即提倡讲究卫生、增进健康的社会新风尚；"讲秩

1982 年 2 月 20 日，天津和平区鞍山道小学的少先队员在街头宣传五讲四美

序"，即建设既有高度社会主义民主，又遵纪守法、维护社会主义法制的社会秩序；"讲道德"，即提倡共产主义、社会主义的新道德。"四美"即心灵美、语言美、行为美、环境美。"心灵美"，就是要注意思想、品德和情操的修养，维护中国共产党的领导和社会主义制度，做到"爱国、正直、诚实"，不做有辱国格、人格的事，不损人利己，不弄虚作假；"语言美"，就是要使用和推广礼貌语言，做到"和气、文静、谦逊"，不讲粗话、脏话，不强词夺理，不恶语伤人；"行为美"，就是要做一个有益于人

民，有益于社会的人，做到"勤劳、友爱、守纪"，不损害集体利益，不破坏公物，不危害社会秩序；"环境美"，就是要搞好个人、家庭和工作场地、公共场所的卫生，做到"卫生、整洁、绿化"，不随地吐痰，不乱扔果皮、纸屑，不破坏树木、花草。"五讲四美"教育，提倡言行一致、表里如一。它是建立在社会主义人与人之间互相尊重、互相信任和互相帮助的基础上的，是以共产主义精神、原则为指导的。

"三热爱"教育，是在开展"五讲四美"教育、提高广大人民的道德水平的基础上，为进一步提高青少年的政治思想觉悟，由中国共产主义青年团中央委员会于1981年8月提出，并在全国青少年中开展的教育活动。"三热爱"即热爱祖国、热爱社会主义和热爱中国共产党。"三热爱"教育的主要方法：一是从史入手，组织团员、青年，学习中国的近代史和党史，从史实中使青年清楚地了解"没有共产党就没有新中国"和"只有社会主义才能救中国"的真理。二是进行对比，开展社会调查活动、获取必要的事实和数据，进行今昔对比，帮助青少年从大量的感性认识中得出正确结论。三是把"三热爱"教育同热爱本职工作结合起来，开展"热爱家乡、建设家乡""热爱工厂、献身四化"等活动。

知识拓展

"五讲四美三热爱" 30 年

自 1981 年起，从"五讲四美三热爱"的口号形成开始，从城市到农村、从内地到边疆，"五讲四美三热爱"活动迅速开展起来。"五讲四美三热爱"活动，是在党的领导下，共青团在改革开放和社会主义现代化建设新时期首创的群众性精神文明建设实践活动，展现了广大青少年的良好精神风貌，成为 20 世纪 80 年代共青团组织最有影响的活动之一。在社会主义精神文明建设和本次活动的影响和带动下，全国涌现出一大批"时代楷模"。知识分子的优秀代表蒋筑英、"中国式的保尔"罗健夫、"80 年代新雷锋"朱伯儒、"不治服风沙，就让风沙把我埋掉"的谷文昌等的感人事迹，为全国人民投身改革开放和现代化建设提供了强大精神力量。

3. 争做"四有"新人

 导 语

　　"四有新人"就是有理想、有道德、有文化、有纪律的新人。"四有"是国家对公民的基本要求，也是提高整个中华民族的思想道德素质和科学文化素质的基本内容。任何一个民族、任何一个国家的人民都有自己的素质。这种素质的好坏，决定着一个民族、一个国家的成就和进步。因此，要实现社会主义现代化，就要培养一代代有理想、有道德、有文化、有纪律的人才，推进现代化建设。

　　进入 20 世纪 80 年代中期以后，随着改革开放的深入发展，党中央及时地提出要用建设有中国特色的社会主义的共同理想动员和团结全国各族人民，在全社会树立和发扬社会主义的道德风尚，加强社会主义民主、法制、纪律的教育，普及和提高教育科学文化，坚持以马克思主义为指导，大力开展社会主义精神文明建设。根据党中央的指示精神，共青团把全面提高青年素质，努力培养"四有新人"作为共青团一切工作的出发点和立脚点，在青年当中积极进行爱国主义、集体主义、社会主义教育，帮助青年认清社会历史发展的客观规律，把远大理想同现实生活中所面临的党和国家具体奋斗目标结合起来，脚踏实地地立志成才；在青年当中积极开展以社会公德和职业道德为主要内容的道德教育，倡导良好的道德风尚；在青年当中认真抓好智力开发和文化教育，帮助青年掌握现代科技、管理知识，提高业务能力；在青年当中努力做好纪律和法制教育工作，帮助青年认识纪律和法律对于维护社会安定、保证改革和"四化"建改顺利进行的重要作用，明确民主与集中、自由与纪律的辩证关系，从一点一滴的小事做起，培养遵纪守法的良好品质。共青团通过开展这些工作，既在促进物质文明建设与精神文明建设协调发展和社会全面进步的过程中充分发挥了团员青年的积极作用，同时也在促进青年的健康成长方面较好地发挥了青年运动核心组织的作用。

坚持社会主义道路，坚持人民民主专政，坚持共产党的领导，坚持马克思列宁主义毛泽东思想这四项基本原则，是中国的立国之本，也是共青团的育人之本。对于这一点的认识，共青团是坚定不移的，并且在实践中做了大量的工作。特别是党的十三大明确提出党在社会主义初级阶段的基本路线以后，共青团立足于党的工作全局，一面抓坚持四项基本原则的正面教育和组织开展反对资产阶级自由化的斗争，一面抓坚持改革开放的教育，宣传各项改革政策，帮助青年正确认识国内形势，做改革开放事业的促进派。在开展这种教育活动中，共青团坚持正面教育与自我教育相结合、普遍教育与典型教育相结合、团的教育与社会综合治理教育相结合的原则，采取循序渐进、逐步深入、分层次、有针对性的方式和方法，充分发挥舆论导向和文化载体的作用，努力使教育活动搞得扎实和富有成效。尤其是在党的十三届四中全会以后，针对部分学生在政治风波过后存在的深层次思想问题，团组织以"活血化瘀"为重点，开展深入扎实的工作，为维护稳定大局起到了积极作用。

在这期间，共青团除继续组织团员青年开展帮困扶贫、综合包户等活动外，还开展了"商业文明经营示范活动"，在全国城乡深入开展了普及法律知识教育等活动。进入90年代以后，在以江泽民同志为核心的党中央的领导下，共青团在建立良好社会风气方面的工作更加主动、自觉，通过服务社会学雷锋和立足岗位树新风的结合，弘扬了社会主义文明风尚，扩大了共青团的社会影响。

为了大力倡导和加强社会主义精神文明建设，各级共青团组织在工作实践中，还十分注意抓好青年的智力开发和文化教育工作。1990年10月13日—11月19日，共青团中央举办了首届全国青工技术大赛，有效地把广大青年工人的注意力和兴奋点转移到学知识、学技术上来，促进

20 世纪 80 年代"学习雷锋，做'四有'新人"宣传画

了青工队伍思想道德素质和科学文化素质的提高。在农村，则广泛开展了农村青年实用技术培训活动，从 1986 年到 1992 年，全国共培训农村青年超过 1 亿人次，有力地推动了农村产业结构调整和商品生产发展，促进了自然资源和劳动资源向商品生产转化，使一大批农村青年走上了富裕之路。在对青年进行文化智力提高和培养工作的同时，各级团组织还通过评选"杰出青年"、宣传青年典型等多种方式，为广大青年施展才干、脱颖而出铺路搭桥，帮助青年找到正确的成才之路，提供广阔的用武之地。帮助青年开展丰富多彩有益于身心健康的文化娱乐和体育活动，也是各级共青团组织一直十分关注的事情。在工作实践中，各级团组织十分注意扶持、引导青年开展积极、健康的文化

娱乐活动，使青年在内容健康、格调高雅、节奏明快、气氛轻松、符合青年特点的活动中得到休息和娱乐，同时从活动中受到教育、启迪和陶冶。

20 世纪 80 年代中期以来，共青团为培育"四有"新人所开展的一系列思想政治教育活动证明，由于各级团组织能够坚持贯彻中共中央的有关指示精神，把全面提高青年素质，努力培养"四有"新人作为共青团一切工作的出发点和立足点，在青年中积极进行爱国主义、集体主义、社会主义教育，帮助青年认清社会历史发展的客观规律，把远大理想同现实生活所面临的党和国家的具体奋斗目标结合起来，脚踏实地地立功成才，培养青年人的社会公德和职业道德，帮助青年人学习和掌握现代化科学知识，在日常社会生活中遵纪守法，使得一代青年茁壮地成长起来，从而达到培育"四有"新人的目的。

 知识拓展

"四有"新人的科学内涵

"四有"新人是 1980 年 5 月 26 日，邓小平同志给《中国少年报》和《辅导员》杂志的题词"希望全国的小朋友，立志做有理想、有道德、有知识、有体力的人，立志为人民作贡献，为祖国作贡献，为人类作贡献"中演变而来的。

"有理想"即要把自己的理想放到共产主义的大的背景当中去，并使之成为内心中的精神支柱，在思想上牢固地树立起共产主义的信念，困难面前能够百折不挠，奠定正确的思想基础，有为共产主义大目标奋斗的决心，有为这个伟大事业献身的勇气。

"有道德"就是要把个人利益、集体利益、国家利益融合到一起，和大目标融合到一起，而且个人要服从集体。道德观要树立在既热爱集体又热爱国家这一集体的基础上，把个人、集体、国家的利益紧密地联系到一起。

"有文化"中文化包括多方面。文化要为实际工作服务，应根据需要学以致用。要为自己制订一个长计划短安排的计划，一步步地去完成。文化包括物质的和精神的。学习是如此，工作也是如此，要时时刻刻检查，亏了早点补，赚了要总结经验，有了成绩要找不足。这样我们就能年年新、月月新、日日新，文化素质也会一步步更加提高。所谓"文化"就是要以文（思想）来化（当然不能脱离物质的东西），把自己真正化成一个有利于社会的人，真正用正确的社会主义思想去开展工作。

"有纪律"，纪律是约束人的行为的。我们要在教育的基础上让人们自觉地遵守纪律。我们的意识中存有必须迅速消除的不正确的东西，不符合社会或集体要求的东西，要通过纪律去约束它，不能任其自由泛滥。当你能自觉地执行纪律的时候，就会自然而然地感到自己自由了。

4. 架起爱心互助和传递的桥梁
——希望工程

 导 语

　　希望工程是由团中央、中国青少年发展基金会于1989 年发起的以救助贫困地区失学少年儿童为目的的一项公益事业。其宗旨是建设希望小学，资助贫困地区失学儿童重返校园，改善农村办学条件。援建改变了一大批失学儿童的命运，改善了贫困地区的办学条件，唤起了全社会的重教意识，促进了基础教育的发展；弘扬了扶贫济困、助人为乐的优良传统，推动了社会主义精神文明建设。

　　2019 年11 月19 日，习近平总书记在寄语希望工程30周年时指出："希望工程在助力脱贫攻坚、促进教育发展、服务青少年成长、引领社会风尚等方面发挥了重要作用。"总书记的寄语，是对希望工程30 年探索发展创新历程的最精辟的凝练、概括和评价。

中国人自古以来就十分重视教育。新中国成立后，党始终坚持以人民为中心办教育。特别是党的十一届三中全会后，将教育上升到"一个民族最根本的事业"的高度，把教育摆在现代化建设中优先发展的战略地位。从国家领导人到普通老百姓，都极其重视教育对社会发展的重要意义。但不可否认的是，20世纪八九十年代的中国承载着世界上规模最大的教育需求，人口多、底子薄、经济文化落后，特别是贫困地区多、义务教育规模庞大、教育经费短缺，基础教育非常薄弱。

正是在这个时代背景下，希望工程应运而生。1989年10月30日，共青团中央、中国青少年发展基金会发起希望工程，从倡导社会捐资助学，到建立起贫困学生资助体系，以救助贫困地区失学少年儿童为使命，以民间组织的方式大规模动员社会资源参与到教育扶贫事业中，将贫困、青少年、教育三者汇聚到一起，有力推进了全民受教育意识的觉醒，推动了基础教育问题的解决，树立了一座公认的20世纪90年代中国人为改善教育落后面貌奉献爱心的丰碑。

提到苏明娟，现在可能很多人并不认识，但是大家看到她的照片之后，一定会感到特别熟悉，她就是当年的"大眼睛女孩"。记者给年仅8岁的苏明娟拍摄了一张照片，在照片当中，苏明娟正在写字，一双水汪汪的大眼睛给人

一生只为一事来。

支月英

支月英：一生只为一事来

们留下了深刻的印象。这张照片火了之后，被写进小学课本，"希望工程"请苏明娟当形象代言人，她自己得到了很多人的帮助，也有很多爱心人士看到这张照片之后，开始帮助贫困地区的儿童，让他们能够进入校园，接受教育。当时苏明娟每学期的学费是100元，有了好心人的帮助之后，她的父母不再为这100元而发愁，苏明娟也可以在学校里安心学习。苏明娟最终考入安徽大学职业技术学院。进入大学之后，苏明娟也非常努力，学校每个月资助她900元，她把这些钱捐了出去，业余时间去勤工俭学，并把自己的收入用来帮助山区孩子。大学毕业之后，苏明娟进入银行工作，2017 年当选为共青团安徽省委副书记（兼职）。现如今的苏明娟已经不是当年那个小姑娘了，变得阳光、自信。她不仅用知识改变了自己的命运，还正在用自己的力量，去帮助更多需要帮助的人，用实际行动诠释了"感恩"二字。

随着时代的发展和教育的进步，共青团继续聚焦"助学育人"目标，突出育人导向，加快互联网转型，不断创新社会动员机制，深化项目实施机构设置和人事制度改革，着手把希望工程助学兴教、健康守护、素质提升、紧急救助、铸魂育人 5 项计划，全面融入共青团组织格局和工作格局当中，切实加强了政治建设、品牌建设、组织建设、专业建设、制度建设，打造多层次、立体化的公益项目体系，大力推动希望工程创新发展。

截至 2022 年，全国希望工程累计接受捐赠收入 210.76 亿元，资助困难学生 692.9 万名，援建希望小学 20992 所，有效推动了贫困地区教育事业发展，服务了贫困家庭青少年成长发展，弘扬了社会文明新风。希望工程成为我国社会参与最广泛、最富影响力的公益事业之一，在中国公益慈善史上留下浓墨重彩的一笔。

江西省青少年发展基金会

江西省青少年发展基金会（以下简称江西青基会），1991年由共青团江西省委发起成立，为5A级公募基金会。

江西青基会坚持以马克思列宁主义、毛泽东思想、邓小平理论、"三个代表"重要思想、科学发展观、习近平新时代中国特色社会主义思想为指导，弘扬慈善文化，倡导公益理念，汇聚社会爱心，传递党的温暖；通过资助服务、利益表达和社会倡导，帮助青少年提高综合素质和能力，改善青少年成长环境，促进青少年全面发展和社会进步，支持共青团创建有益于青少年成长的各类平台和开展相关活动。

截至2021年底，江西希望工程累计募集善款8.5亿元，援建希望小学1450所，资助贫困学生25余万人，援建希望图书馆、希望电脑室、希望厨房、希望卫生院等2376个，培训希望小学教师22450人次，安排音体美支教12140人次，救助大病青少年儿童2000余人次。

江西青基会先后获全国"两基"工作先进单位，全国先进社会组织，全国希望工程建设奖、攻坚奖、影响力奖，赣鄱慈善奖，省直五一劳动奖章，全省巾帼建功岗等奖项，并连续七年被全国网民评为"透明口袋"基金会。

5.“送人玫瑰，手留余香”的青年志愿者行动

 **导 语**

　　1993 年 12 月，在共青团中央的倡导下，2 万多名铁路青年率先打出了"青年志愿者"的旗帜，在京广铁路沿线开展了为旅客送温暖志愿服务。之后，青年志愿者行动迅速在全国展开。30 年来，千千万万青年志愿者在党的指引下，在团的组织下，走进社区、走进乡村、走进基层，绘就了青春志愿行、永远跟党走的壮丽画卷。

　　中国青年志愿者行动是在党中央的亲切关怀下逐步发展起来的。为推动青年志愿服务事业的发展，1994 年 2 月，共青团中央向全社会发布"心手标"，作为中国青年志愿者的统一标志。团中央于 1994 年 12 月 5 日成立了中国青年志愿者协会，随后，各级青年志愿者协会也逐步建立起来。1995 年我国开始进行社区青年志愿者服务站建设工作。1996 年，团中央青年志愿者行动指导中心成立，负责规划、

协调、指导全团的青年志愿服务工作，承担中国青年志愿者协会秘书处的职能。为使志愿服务落实到基层，深入千家万户，以 1999 年 8 月广东省人大常委会通过的国内第一部青年志愿服务条例《广东省志愿者服务条例》为标志，青年志愿服务的立法工

中国青年志愿者标志
"心手标"

作开始一步步取得成就。党的十八大以来，习近平总书记多次给青年志愿者团队回信，与青年志愿者座谈，勉励广大青年志愿者弘扬志愿精神，与祖国同行，为人民奉献。

中国青年志愿者行动实施以来，得到了广大青年的积极响应，得到了党政领导和社会各界的充分肯定，受到了人民群众的普遍欢迎，产生了良好的社会影响。志愿服务正在成为新的社会风尚，越来越多的青年及社会各界群众加入到志愿者的行列。1996 年 9 月开始试点，1998 年开始在全国范围内实施的青年志愿者扶贫接力计划，在招募 2500 名扶贫接力计划青年志愿者的过程中，有 5 万余名各界青年踊跃报名。在 2000 年 3 月 5 日"中国青年志愿者服务日"活动中，全国有 1000 多万青年参与。

中国青年志愿者的志愿服务项目主要有"关爱农民工子女志愿服务行动""大学生志愿服务西部计划""青年志愿者助残行动""青年志愿者服务春运暖冬行动"和"青年志愿者节水护水志愿服务行动"等。广大青年志愿者将青春

之热血抛洒在祖国最需要、人民最需要的地方和行动中。

几十年来的实践充分说明，青年志愿者行动符合时代发展的潮流，符合人民群众的需要，符合当代青年的特点，蕴藏着巨大的发展潜力，呈现出旺盛的生命力和广阔的发展前景，是发展社会主义市场经济中一项生机勃勃的事业。青年志愿者行动使一些需要帮助的社会成员从志愿服务中感受到社会的温暖，在全社会弘扬"奉献、友爱、互助、进步"的志愿者精神，倡导时代新风正气，对社会主义精神文明建设有积极的推动作用，已经成为新时期群众性精神文明创建活动的有效途径；它以扶贫济困为主题，以社会困难群体为主要扶助对象，通过志愿服务方式为困难群众提供实实在在的帮助，为我国多层次社会保障体系的建立作出了积极的贡献；它为当代青年在实践中锻炼成长提供了广阔的舞台，开辟了现实的途径，体现了共青团在实践中育人的宗旨，成为新时期加强青年思想政治工作的重要载体；它适应当代青年自主意识、参与意识日益增强的特点，组织和引导青年以志愿服务方式积极参加经济建设和社会发展，调动了青年的内在积极性，已经成为共青团在社会主义市场经济条件下动员和组织青年的有效手段，成为新时期青年工作的重要内容；它与国际志愿服务接轨，受到国际友好人士的普遍好评，在国际上树立了当代中国青年的良好形象，成为加强与各国青年之间交流与合作的重要渠道。

赣州青年志愿者行动

青年志愿者行动是共青团工作的重要品牌，共青团赣州市委一直把青年志愿服务作为共青团实践育人的重要载体，作为凝聚青年服务党政工作大局的重要抓手，有效推动了赣州市青年志愿服务专业化、规范化、科学化发展。一直以来，共青团赣州市委认真贯彻习近平总书记的重要指示精神，紧紧围绕党政所需、群众所盼，广泛动员青年志愿者投身社区服务、大型赛会、助老助残、生态文明建设、新时代文明实践等领域，努力为推动社会文明进步、增进民生福祉奉献力量。据不完全统计，截至 2022 年，全市累计共有注册青年志愿者 15.6 万名。在 2022 年举办的第六届全国青年志愿服务项目大赛中，赣州市的项目获得了全国金奖 1 个，银奖 2 个，铜奖 5 个，创历史最好成绩。

6. 江西的改革足迹

 **导 语**

　　2005 年 12 月 29 日，十届全国人大常委会十九次会议决定，从 2006 年 1 月 1 日起正式废止《中华人民共和国农业税条例》。农业税的取消，给亿万农民带来了看得见的物质利益，极大地调动了农民积极性，又一次解放了农村生产力。本世纪初发源于福建的集体林权制度改革，是以明晰林地使用权和林木所有权、放活经营权、落实处置权、保障收益权为主要内容的综合性改革。这是习近平总书记亲自研究部署推动的一项重大改革。为推进改革成果，加强林场有效管理，激发林权体制改革所带来的创新活力，江西青年投身于林业建设发展中，守护绿水青山，壮大林业经济。

　　农业税是一个古老的税种，从公元前 594 年的初税亩开始征收。1950 年，农业税占国家各项税收收入的比重达到 40%。1958 年 6 月，一届全国人大常委会通过《中华人民共和国农业税条例》。该条例实施以来，对于保障国家收入和粮食供应，发挥了重要作用。

改革开放以后，如何在促进农业生产的同时提高农民收入，始终是国家关注的大问题。通过家庭联产承包、发展乡镇企业、进城务工等，农民较之以往大幅度增加了收入。但由于客观的经济规律，农民单靠务农是很难进一步提高收入水平的。加之地方和基层政府对农民的各种收费，农民的负担加重，收入增长缓慢。

1990年，中央开始抓减轻农民负担工作。此后农民减负和农村税费改革不断推进。从1990年到1999年，中央着重解决国家税收之外对农民的各种收费、罚款和摊派问题，先后下发了《关于切实减轻农民负担的通知》（1990年）、《关于坚决制止乱收费、乱罚款和各种摊派的决定》（1990年）、《农民承担费用和劳务管理条例》（1991年）、《关于切实做好减轻农民负担工作的决定》（1996年）等文件。1998年10月，国务院成立农村税费改革工作小组，为减轻农民负担工作由治乱减负适时地转向税费改革做准备。进入新世纪，税费改革开始按照"减轻、规范、稳定"的目标进行试点。

2000年3月，中共中央、国务院正式下发了《关于进行农村税费改革试点工作的通知》，并在安徽全省进行了改革试点，正式启动了农村税费改革。2002年，试点范围扩大到了包括江西省在内的20个省区市。2003年，全国所有省区市全面推开农村税费改革试点工作。

从 2004 年开始，农村税费改革进入新的阶段。时任国务院总理温家宝在政府工作报告中宣布，将于五年内取消农业税。国务院开始在全国降低农业税的税率，还在黑龙江、吉林两省进行全部免除农业税的试点，并取消除烟叶外的农业特产税，同时对种粮农民实行直接补贴、对部分地区农民进行良种补贴和购置农机具的补贴。2005 年，又全面取消牧业税，加快降低农业税税率的步伐。当年上半年，已有 27 个省区市决定全部免征农业税。

2005 年 12 月 29 日，十届全国人大常委会十九次会议决定，从 2006 年 1 月 1 日起正式废止《中华人民共和国农业税条例》。这标志着在我国延续了 2600 年的农业税从此退出历史舞台。农业税的取消，给亿万农民带来了看得见的物质利益，极大地调动了农民积极性，又一次解放了农村生产力。

新中国成立后，特别是改革开放以来，我国集体林业建设取得了较大成效，对经济社会发展和生态建设作出了重要贡献。集体林权制度虽经过数次变革，但产权还不明晰、经营主体仍旧没有落实、经营机制不灵活、利益分配不合理等问题仍普遍存在，制约了林业的发展。

习近平总书记在福建工作时推动开展了集体林权制度改革，试行"分山到户、均林到人"，实现"山定权、树定根、人定心"。在沙县农村产权交易中心，习近平总书记听取集体林权制度改革介绍，向办事群众和工作人员了解集体林地经营权流转交易、不动产登记等情况后指出，三明集体林权制度改革探索很有意义，要坚持正确改革方向，尊重群众首创精神，积极稳妥推进集体林权制度创新，探索完善生态产品价值实现机制，力争实现新的突破。

在落实林权体制改革，推进林业发展，促进林业有效经营，激发林业经济活力的进程中，不少青年在其中发挥着重要的作用。江西省新余市分宜县年轻的护林员胡新华借助智能化的巡护终端，高效守护山林安全，发现任何问题都能及时上报处理，做到有效监管。"护林员的巡护终端安装了北斗定位系统。"青年技术人员潘容宇说，"借助智能化的巡护终端，护林员发现任何问题都可以及时上报处理，每天巡护的记录也清晰可查。"

2020 年 1 月 17 日，护林员简新宝在江西省新余市渝水区桐村西南约 255 米处发现了树木越界砍伐的情况。靠着智能化巡护终端，渝水区林业局工作人员很快就进行了现场查处，找到了责任人，19 日便实现办结。"有一次，一位护林员的巡护终端丢在了巡护路上，莽莽大山中，我们找到了他最后的位置记录点，还帮他把手机找到了，就是这么准！"潘容宇自豪地说道。青年力量与智能技术相结合，网格化管理、智能化巡护，保障山林巡护安全，助推林业经济呈现总量做大、结构做优的良好态势。

 **知识拓展**

江西人向美好生活迅跑

改革开放 40 余年来，江西人民不断追求美好生活，既有"仓廪实衣食足"的物质生活追求，更有"知礼节知荣辱"精神文明追求。2003 年，抚州市崇仁县巴山镇巴山村一路过关斩将，获评第一届全国文明村镇，这也是江西 18 个全国文明村镇之一。"窥一斑而见全豹。文明创建，为建设富裕美丽幸福现代化江西提供了强大的精神动力和道德支撑。"

改革开放以来，江西精神文明创建与经济发展同步前行，不断丰富和提升创建的内涵与品质。至 2018 年，江西拥有全国文明村镇 158 个，占全国文明村镇的 4.2%；拥有国家级、省级、市级、县级文明村镇累计 3688 个，占全省村镇的 19.95%；全省有省级文明城市 43 个，有全国道德模范 11 人，全国文明家庭 8 户……由此，人们看到，文明家庭创建促进家庭和睦、相亲相爱和社会孝老爱幼；人们看到，从一个人到一群人，从一群人到一城人，社会文明不断进步。在新时代的文明创建画卷上，江西人不断绘就更加辉煌的图景，大踏步迈向更加美好的未来！

第四篇

在新时代勇担重任

历史和现实证明，青年有理想、有担当，国家就有前途，民族就有希望！党的十八大以来，中国特色社会主义进入新时代，以习近平同志为核心的党中央高度重视青年、热情关怀青年、充分信任青年，对青年一代寄予厚望。在党的二十大报告中，习近平总书记勉励广大青年"要坚定不移听党话、跟党走，怀抱梦想又脚踏实地，敢想敢为又善作善成，立志做有理想、敢担当、能吃苦、肯奋斗的新时代好青年，让青春在全面建设社会主义现代化国家的火热实践中绽放绚丽之花。"习近平总书记对青年的高度肯定和殷切期望，是激励更是鞭策，为广大青年在新时代新征程展现新担当、实现新作为指明了前进方向、提供了根本遵循。奋进新征程、建功新时代，我们要牢记嘱托、感恩奋进，以开展学习贯彻习近平新时代中国特色社会主义思想主题教育为契机，坚持不懈用习近平新时代中国特色社会主义思想武装头脑、指导实践，在奋进中国式现代化新征程、谱写江西高质量发展新篇章中，展现青年奋发向上的良好精神风貌。

1. 共青团改革在路上

 **导 语**

　　党的十八大以来，以习近平同志为核心的党中央高度重视共青团工作，亲切关怀、亲自谋划、亲自部署，领导召开党的历史上第一次群团工作会议，指导制定新中国历史上第一个青年发展规划，指导审定共青团中央改革方案和中央团校改革方案，关心指导青联、学联、少先队改革，多次参加青少年和共青团的活动，发表重要讲话，提出重要要求。新形势下的共青团改革，需要科学设计，分步实施。共青团改革，既从现实出发，从问题出发，也从历史出发，从党的初心出发，以历史观照现实，以历史启示指引未来走向。

　　习近平总书记多次指出，"中国特色社会主义最本质的特征是中国共产党领导，中国特色社会主义制度的最大优势是中国共产党领导""党政军民学，东西南北中，党是领导一切的"。共青团改革的稳步推进离不开党中央的正确指导。

　　2013 年 6 月 20 日，在同第十七届团中央领导班子成员集体谈话时，习近平总书记指出：共青团必须把培养中国特色社会主义事业建设者和接班人作为根本任务，必须把巩固和扩大党执政的青年群众基础作为政治责任，必须把围绕中心、服务大局作为工作主线，在党和国家工作大局中找准工作的切入点、结合点、着力点。这明确了共青团职责使命的根本，明晰了共青团的主责主业之所在。

2015年7月，中国共产党历史上第一次党的群团工作会议召开。习近平总书记出席会议并发表重要讲话，他指出"保持和增强党的群团工作和群团组织的政治性、先进性、群众性""政治性是群团组织的灵魂，是第一位的。群团组织要始终把自己置于党的领导之下，在思想上政治上行动上始终同党中央保持高度一致，自觉维护党中央权威，坚决贯彻党的意志和主张，严守政治纪律和政治规矩，经得住各种风浪考验，承担起引导群众听党话、跟党走的政治任务，把自己联系的群众最广泛最紧密地团结在党的周围"。这次会议分析研究了新形势下党的群团工作面临的新情况新问题，包括如何贯彻落实《关于加强和改进党的群团工作的意见》，总结成功经验，解决突出问题，推动改革创新，开创党的群团工作新局面。

2017年4月，中共中央、国务院印发《中长期青年发展规划（2016—2025年）》。《规划》鲜明地提出了"党管青年原则"。同年5月，习近平总书记在中国政法大学考察，参加民商经济法学院1502班团支部"不忘初心跟党走"主题团日活动。他指出，"共青团是党的助手和后备军，要始终保持先进性，广大团员青年坚定跟党走，就是初心。不忘这个初心，是我国广大青年的政治选择，也是我国广大青年的人生航向"。

2018年五四青年节前夕，习近平总书记向中国政法大学民商经济法学院1502班团员青年致以节日问候，对同学们立志"不忘初心，用一生来践行跟党走的理想追求"予以充分肯定。

在同第十八届团中央领导班子成员集体谈话时，习近平总书记再次强调了共青团当好党的助手和后备军，关键是要抓住根本任务、政治责任和工作主线这三个根本性问题。"新时代的青年工作要毫不动摇坚持党的领导，坚定不移走中国特色社会主义群团发展道路"，要加强对青年的政治引领，"党旗所指就是团旗所向"。

推进共青团改革，是全面从严治党的一部分，是全面深化改革的重要方面，充分体现出我们党直面问题和自我革新的政治勇气。自中共中央办公厅印发《共青团中央改革方案》起，标志着在党的领导下，群团组织改革大幕全面拉开，共青团改革步入进行时。

共青团改革坚持正本清源。不忘初心，方得始终。共青团的初心是什么？早在1922年5月，中国社会主义青年团第一次代表大会就提出，团的任务就是要遵照党的政治主张，为革命事业培养青年。这一次改革，就是为了在新的时代环境下，通过保持和增强政治性、先进性、群众性，使共青团更好的坚守初心、彰显本质。增强政治性，是为了走对路增强先进性，是为了走在前增强群众性，是为了带动青年一起走，三者合一，将从根本上提高共青团团结带领青年听党话、跟党走的能力，更好地发挥党的助手和后备军作用。

共青团改革坚持标本兼治。解决脱离青年等突出问题，焕发团的生机活力是共青团改革的重要目标。在具体治疗方式上，这次改革强调辨证施治、标本兼治，把管根本、管长远的体制机制改革作为突破口。比如，改革既对团的领导机关干部走出高楼大院、深入青年群众提出了具体要求，而且注重通过调整机关部门职能、改进日常运行机制、改变工作考核导向等措施，从根本上减少机关事务，确保团干部走得出、沉得住，确保改革效果能扎根、不反复。

共青团改革坚持齐心协力。共青团改革，不是一个人在战斗，需要支持和青年参与。这次改革是全面深化改革的重要内容，是全面从严治党的一部分。努力落实党建带团建制度、健全政府协调工作机制等党委政府的支持保障工作。同时，尊重了青年主体地位，使青年和共青团工作更加紧密地融入党和国家事业全局，使团的改革取得实效。

牢记党关于共青团的初心，不断将共青团改革推向前进，就是要以巩固和扩大党执政的青年群众基础为核心目标和重要标准。新形势下的共青团改革，要实现"青年在哪里，团组织就建在哪里；青年有什么需求，团组织就要开展有针对性的工作"的根本要求。共青团改革的一条根本路径，是践行党的群众路线。必须以其组织灵活性、活动多样性、方法贴近性等为载体，促进广大青年对党的认同，真正实现团结和带领青年永远跟党走。

 知识拓展

共青团这艘巨轮将改革总目标瞄准
——去"四化"强"三性"

一、去"四化"即去除机关化、去除行政化、去除贵族化和去除娱乐化。去除机关化：杜绝好逸恶劳思想，由被动工作变为主动工作，去除消极思想，追求积极思想；去除行政化：减少繁复的行政手续，少打官腔，多办实事；去除贵族化：消除托关系走后门的行为，由任人唯亲转变为任人唯贤，要周公吐哺，选贤用能；去除娱乐化：转变工作思路，由过去计划经济吹拉弹唱、打球照相，转变为文化体育两手抓，尽量杜绝超规模与形式化的活动。

二、强"三性"即加强政治性、加强先进性和加强群众性。加强政治性：旗帜鲜明坚持党的领导，不折不扣地贯彻落实中央对共青团深化改革的重要指示精神；加强先进性：就是要树立典型，学先进，弘扬正气，营造良好氛围；加强群众性：开展活动和工作要以群众为中心，让群众当主角，强化服务意识，提升服务能力。

2. 脱贫攻坚路上的先锋

 导 语

　　以重庆市开州区大进镇红旗村第一书记王栋（团市委维护青少年权益部副部长）为代表的一大批基层团干部的真情奉献，他们深入红旗村，紧抓党的惠农富民政策，大力发展农村产业，壮大农村集体经济，培育乡村青年人才，千方百计增加农民收入，带领群众走出一条脱贫致富路。红旗村在 3 年的时间里，创造了 80 天修好硬化产业公路的"大进速度"、高标准建好万亩生态茶园核心区的"大进高度"、推进"三变改革"筑牢扶贫产业与贫困群众利益联结的"大进温度"，用实绩描绘出一幅党旗红、产业兴、生态美、百姓富的美好画卷。

　　2017 年 9 月 5 日，王栋进入大进镇红旗村担任驻村第一书记时，摆在他面前的是两道难题：红旗村是全镇 7 个市级深度贫困村之一，党支部、村委会亦属于软弱涣散型班子。这个村 8 个村民小组，936 户、2868 人，其中建卡贫困户 121 户、418 人，贫困发生率 15.5%；全村以玉米、红薯、洋芋"三大坨"为生，没有其他产业；集体经济属"空壳村"，村里无钱办事，亦无人办事；全村没一公里硬化路，通信信号微弱，村民基本上过着"交通靠走，通讯靠吼，安全靠狗，劳作靠手"的近乎封闭式的生活。村干部在群众中说话无底气，办事无威信，挺不直腰杆，打不起精神，说不起硬话。唯独能显示村干部存在或履行村干部职责的，是每个星期用半天时间在村办公室为人们盖盖公章，出出证明，因此被村民们送给一个"雅号"：橡皮村官。

王栋是湖北咸宁人，2010年从厦门大学政治经济专业毕业，后又成为中国社会科学院公共管理学专业研究生。毕业当年就被选调到重庆市沙坪坝区歌乐山镇从事党建、文秘方面的工作，后被遴选到共青团重庆市委，一路走来可谓顺风顺水。但他也有个遗憾：未直接接触过农业、农村和农民。

"既然来这个村担任第一书记，总得露一手。"在与共产党员、村、组干部的见面会上，凭着自己的学识与口才，他信心满满地将自己准备好的一份讲稿拿出来念了一遍。讲稿逻辑严密，层次分明，条分缕析，文采飞扬，加上自己一口多年练就的普通话，口若悬河，抑扬顿挫。可会场的情况使他的心一下子凉了半截，除了稀稀拉拉、也许完全是出于礼貌的一点儿掌声，与会者的目光多是木讷与呆滞。他只感到大脑"嗡"的一下："这到底是哪儿出了问题？"趁还没散会，他悄悄地向坐在一旁的村支书郑代发打听原委，郑代发只淡淡地说了一句："王书记，你刚来，具体情况你可以慢慢了解，但我有个建议，我们村里这些人都少出门、少见识，你要想以后能顺利开展工作，你应先学学我们当地的土语和方言！"从此，他一边学说当地农民方言土语，一边脱下皮鞋换上雨靴，一边毫无顾忌地大口喝下农民递过来的大碗土茶。

由于很快掌握了与当地人打交道的基本要领，为接下来的走村串户摸清贫困家庭创造了条件。在将近一个月时间内，他在村干部带领下，全村936户（除外出打工者，在家570户），他走遍了500多户，基本上是家家到，户户落，他慢慢进入了角色，熟知了在新的时期如何走进群众内心的一条路径。

可作为一个市级深度贫困村，要按期完成脱贫攻坚的重任，并不是能与群众打几个"哈哈"就可以万事大吉了，还得发展产业，得拿出"真金白银"。

2017年11月，当王栋将上级党委、政府决定在红旗村发展茶叶产业作为优先考虑的扶贫项目这一喜讯告知村党支部书记郑代发时，他那张平静的脸上并没有出现想象中的激情与冲动。在随即召开的村民院坝会上，王栋将上级的决定和盘托出：要通过"三变"改革（资源变资产、资金变股金、农民变股东）把大家的承包地拿出来改种茶叶、开辟茶园。

原本想会赢得一片赞同和掌声，殊不知却招致一场质疑和反对。有的在会场上高喊："土地是我们农民的命根子，你们想空口白牙拿去种茶叶，并且搞什么'三变'改革，政府一分现钱都不给，门儿都没有！"

为了让村民真切感受茶产业的魅力，王栋当起了"导游"，陆续组织了几十名村民代表前往贵州湄潭和重庆万州、南川等地的著名茶乡参观考察，实地了解和感受这些地方茶叶的标准化、规模化种植以及管理方面的经验，学习和感受他们通过发展茶叶产业走出的一条茶旅融合的发展之路。

在较短的时间内，红旗村绝大多数村民都成为茶叶项目的积极拥护者和参与者。村里的万亩茶园建设就这样迈开了可贵而又坚实的步伐，以前一些极力反对种茶甚至当面骂过王栋的村民也参与到茶园建设中。

红旗村的生态茶产业正成星火燎原之势，推动全镇茶叶产业的迅猛发展：先是红旗村2000亩示范样板茶园于2018年正式建成；第二年毗邻的年华村2000亩标准化茶园紧紧跟进；第三年群和村3000亩茶园加入了巴渠茶园行列，同时带动金炉、紫金两村6000亩茶园的加盟，加上原有5个村改造更新的2000亩老茶园，使全镇规模化、标准化茶园达到1.5万亩，成为重庆市单体最大的山地有机生态茶园。

"没有党旗红，哪有产业兴？没有产业兴，何谈生态美？没有产业兴与生态美的最佳体现和实际效果，哪能实现真正意义上的百姓富？"这四者之间你中有我，我中有

扶贫就是我的诗和远方。

吴应谱

做一名优秀的党员是我的理想。

樊贞子

脱贫攻坚路上的先锋者

你，相互促进，又相互融通，缺一不可。这绝不是一般意义上的顺序排列，也不是一般花拳绣腿式的文字游戏，更非哗众取宠的标语口号。它显示出大进镇在脱贫攻坚战中的独有特色，是经过市委组织部驻镇工作队与当地党委共同探索出的方向路径，也是基层团干部真情奉献探索出的宝贵经验。如今，红旗村从市级深度贫困村嬗变为远近闻名的"重庆市乡村振兴示范村""中国美丽休闲乡村""重庆市旅游重点村"。

2021年2月25日上午，全国脱贫攻坚总结表彰大会在北京人民大会堂隆重举行。习近平总书记发表了重要讲话，庄严宣告，经过全党全国各族人民共同努力，我国脱贫攻坚战取得了全面胜利。脱贫攻坚战的全面胜利，标志着我们党在团结带领人民创造美好生活、实现共同富裕的道路上迈出了坚实的一大步。同时，脱贫摘帽不是终点，而是新生活、新奋斗的起点。

 **知识拓展**

总书记亲自批示推动《国务院关于支持赣南等原中央苏区振兴发展的若干意见》出台

"苏"字源于俄语汉译"苏维埃"。后者在俄文中是"代表会议"或"会议"的意思,即十月革命后苏联的基本政治制度。中国共产党第一份党纲就明确表示承认苏维埃管理制度,党的二大后又进一步提出建立"苏维埃政权"的思想。苏区的含义,就是采用"苏维埃政权"组织形式的地区。

第三次反"围剿"胜利后,赣南、闽西两块苏区连成一片,统称中央苏区,拥有 21 座县城,占地 5 万平方公里,人口达 250 万,是当时全国最大的苏区。在彭德怀率领东方军两次向福建和赣东北出击之后,中央苏区面积继续扩大,于1933 年达到鼎盛时期。

赣南从所处的深度贫困走向脱贫致富的新时代,一切都水到渠成。源头活水,就是习近平总书记 2012 亲自批示推动的一份重磅文件。

2011 年,时任中央政治局常委、国家副主席习近平作出长篇批示,要求进一步帮助和支持赣南苏区发展,使这里与全国同步进入全面小康,使苏区人民过上富裕、幸福的生活。在他的亲自推动下,中央派了 11 个工作组到赣州来调研。2012

年6月28日,《国务院关于支持赣南等原中央苏区振兴发展的若干意见》颁布实施,从老区人民的吃住行用水用电,到财税、投资、金融、产业、国土资源、生态补偿、人才引进、对口支援等各方面给予政策倾斜,其力度之大,让外界将赣南称为"老区中的特区"。

3. 大美上饶，振兴蝶变

 **导 语**

习近平总书记在江西考察时强调，要主动对接和服务长三角一体化发展。上饶深入学习贯彻习近平总书记考察江西重要讲话精神，聚焦"走在前、勇争先、善作为"目标要求，全力打造"三大高地"、实施"五大战略"，奋力打造江西对接融入长三角一体化发展先行区。2023 年前三季度，全市新引进长三角地区项目 222 个，总金额 1287.2 亿元，正加快实现从长三角"传统好邻居"到"优质合伙人"转变。如今的上饶，政治清明、经济提速、城乡变样、民生改善，2.3 万平方公里的饶信大地上，到处都是活跃跃的创造，到处都是日新月异的进步。

大美上饶，文脉悠长。千百年来，一代代文人墨客在上饶这片神奇美丽的土地上流连忘返……王安石盛赞上饶"每向小庭风月夜，更疑山水有精神"，辛弃疾笔下"稻花香里说丰年，听取蛙声一片"描绘出一幅清新宁静的上饶仲夏夜田园生活。

长三角地区是我国经济活力最足、开放程度最高、创新能力最强的区域之一。长三角地区进入江西的第一站，也是江西进入长三角地区的要冲，与这片区域山水相依的上饶市正在加速融入：作为唯一特邀城市参加推进长三角G60科创走廊科创生态建设大会、进博会G60科创走廊高质量发展要素对接大会、长三角城市经济协调会；出台对接长三角人才发展专项计划，支持企业在长三角地区建立"人才飞地""研发飞地"22个；与上海临港集团合作共建科技与产业创新共享中心，积极构建"研发孵化在长三角、生产转化在上饶"合作模式……2023年前三季度，全市新引进长三角地区项目222个，总金额1287.2亿元，正加快实现从长三角"传统好邻居"到"优质合伙人"转变。

2023年以来，上饶着力实施物流通道建设工程，不仅加快推进上饶国际陆港、上饶西货站一期、无水港西迁、福州（宁德）港上饶码头项目的建设，还不断强化与长三角区域的物流合作，与金华签订共建国际陆港战略合作协议，打造跨省国际陆港枢纽合作典范；与温州签订国家综合货运枢纽补链强链合作协议，打造浙赣区域物流合作标杆。1至9月，上饶市共开行上饶—宁波"海铁联运天天班"457趟，同比增长53.87%。

浙赣边界，山水相依，如今因衢饶示范区的设立，更是把两地从"邻里"变为"一家"。立足区位优势，扩大对外开放，上饶在对接长三角中培育新质生产力，在融入长三角中融入新发展格局，奋力打造江西对接融入长三角一体化发展先行区，充分彰显江西东大门的生机活力。前三季度，全市完成出口414.9亿元，同比增长20.1%，增速位居全省第二位。不久前，《中国海关》杂志发布了2022年"中国外贸百强城市"榜单，上饶成功入围，位列全国第39位。

向着融入一体化道路上奋力奔跑的上饶，后浪奔涌、动能澎湃，开放环境持续优化。上饶牢固树立"凡是长三角能做到的、上饶都要做到"理念，加速推进浙闽赣皖四省边际城市跨省通办，162项"跨省通办"、483项"省内通办"政务服务事项全部实现异地通办。纵深推进自然人、法人和工程建设项目等全生命周期"一件事"集成改革，整合12345、110、119等政务服务热线，构建"E呼即办"机制，全面推动便民服务高效运转，全力打造"全省一流、可比浙江"的营商环境。

2023年，上饶市聚焦"守底线、抓发展、促振兴"，持续响鼓重锤抓紧抓好巩固拓展脱贫攻坚成果工作，扎实有序推进宜居宜业和美乡村建设，为全面推进乡村振兴提供有力支撑，让包括脱贫群众在内的广大农民生活越来越红火。

其中，强化三业共举促增收。一是突出产业联农。持续指导各县（市、区）因地制宜发展壮大优势特色帮扶产

江西青年努力拼搏，为乡村振兴贡献绵薄之力

业，积极为帮扶产业发展提供资金、人才、技术等各要素保障，支持帮扶产业基础设施建设和全产业链开发，不断提高规模化、标准化、品牌化和绿色化发展水平。鼓励和引导脱贫地区有条件的农户发展高质量庭院经济，进一步完善"经营主体带动、小额信贷促动、消费帮扶推动"的紧密利益联结机制，推动脱贫地区更多依靠发展来巩固拓展脱贫攻坚成果，让脱贫群众更多分享产业发展收益。二是突出就业提能。坚持"一人就业、全家增收"的工作思路，用足用好稳岗就业政策，千方百计拓宽就业渠道，实施职业技能提升行动，因需施训，分类开展就业技能培训，不断拓展脱贫群众的就业门路。三是突出创业引才。结合"三请三回"活动，引导乡贤、大中专毕业生、退伍军人、科技人员、农民工等各类人才返乡下乡，开展创新创业。

深化创业致富带头人培育，实现"培育一人、带动一片、致富一方"。深入实施"万企兴万村"行动，引导资本、人才、技术等要素，加速向脱贫地区、向乡村一线流通。

（来源：江西日报）

 知识拓展

江西：打好服务青年"组合拳"赋能乡村振兴

江西共青团根据团中央和省委、省政府有关部署要求，聚焦主责主业，深入开展乡村振兴青春建功行动，帮助和服务乡村青年工作取得了新进展。

服务青年"组合拳"之一，推出"团团陪你看江西"直播活动。围绕培育和践行社会主义核心价值观，通过网络直播方式，开展婺源油菜花海、大鄣山茶园、元宵节、八一军事主题等直播打卡活动，参与青年累计482.3万余人次，面向全网广泛宣传江西的独好风景、风土人情、红色文化等，进一步激发江西青年对家乡的情感认同，厚植家国情怀。

（摘自《中国共青团》2023年9期）

4. 乘着高铁去旅行

导 语

从令江西人失落的"江西绿"到纵横交错的高铁网络，十余载的沧桑巨变，让江西从高铁"洼地"变为高铁"高地"，十余载的风雨兼程，不变的是江西高铁匠人的初心。

在 2013 年，厦深高铁通车时，《新闻联播》播出时曾放出过一张环江西城际高铁的图片，在江西周围省份高铁网一片黄色的包围下，江西独特的绿色就显得格外孤独冷清，江西似乎是成了高铁绕开走的地区，这条高铁也被网友戏称为"环江西高铁"。

习近平总书记指出，着力补齐民生短板，破解民生难题，兜牢民生底线，办好就业、教育、社保、医疗、养老、托幼、住房等民生实事，提高公共服务可及性和均等化水平。高铁深刻改变时空，影响要素配置方式和区域经济地理格局，是实现经济高质量发展的重要物质载体和带动地方区域经济发展的要素通道。为了充分发挥高铁通道的集聚辐射作用，加速资源集聚、要素流动、动能积蓄，江西省政府印发了高铁经济带发展规划，加快布局高铁经济，将发展重心聚焦到高铁建设上。

2014年9月16日，江西省第一条设计时速达350公里的高速铁路沪昆高铁正式开通运营，这也意味着江西省打破了高铁建设的空白，开启了高铁新时代。也正是得益于沪昆高铁的开通，使得"环江西高铁"的尴尬局面得以宣告结束。至此，江西高铁发展真正开始上演。2015年6月28日，跨越皖赣闽三省的合福高铁正式开通运营。这条铁路以位于江西赣东的上饶为枢纽，十字型铺开，上饶站也成为我国第一个"跨骑式"高铁站。2017年9月21日，武九高铁全线建成通车。虽然在速度上相较于沪昆高铁、合福高铁有所下降，但其也有着不容小觑的意义。借助武九高铁的开通，不仅将南昌到武汉的距离缩短到了两个小时，而且凭借着武九高铁南昌开启了第二条进京通道。除此之外，武九高铁作为沪汉蓉高铁、福银高铁的重要组成部分，成为京广高铁、京九高铁的重要连接线。至此，江西高铁通车3条线，里程突破900公里。2020年，江西形成了沪昆高铁（江西段）和京九高铁（江西段）一纵一横高铁主骨架。作为我国"八纵八横"高速铁路网中的重要一横，沪昆高铁横穿江西，依次经过上饶、鹰潭、抚州、南昌、新余、宜春、萍乡等7个地级市。而省会南昌则借助沪昆连接京广，开通了江西省首条进京高铁通道。同时江西预计到 2025 年高铁营运里程将会超过 2400 公里，到 2035 年基本形成"五纵四横"高铁格局。

江西高铁的沧桑巨变离不开江西高铁匠人的倾心付出。在昌赣铁路这条高速铁路建设中的每一段钢筋，每一个铁扣，都凝聚着高铁工匠们的汗水与辛劳。

临近春节，位于吉水县境内的昌赣客运专线双村隧道进口的施工现场，机器轰鸣声不绝于耳，工人们在寒风中干得热火朝天。王俊青是项目部总工程师，他来自内蒙古呼和浩特市，结婚 8 年只回家过了一个春节，与妻子女儿聚少离多。2 月 4 日，妻女从江苏昆山来陪他在工地过年，女儿一下车便向他飞奔而来，一家人紧紧拥抱在一起。当天是立春，这帮北方汉子们把项目部装扮一新，挂灯笼贴春联，包饺子做春饼，忙得不亦乐乎。转眼到了 5 月，该项目工地更加繁忙，东边岭特大桥所有桥墩已经完工，整齐地矗立在山水田园之间，颇为壮观。

来自江苏徐州、年仅 25 岁的董昶志，工作短短几个月便脱颖而出，所负责的三分部 20 号路基，成为昌赣客专吉安指挥部管段内唯一的路基样板工程。董昶志技术扎实，待人热情，新点子多，工人们碰到问题都愿意找他。他也因表现出色，获得中国中铁股份公司优秀共青团员称号。

90 后刘鹏飞，山西省原平市人，是该项目部的一名测量技师。中专毕业参加工作后，他虚心请教、潜心钻研，很快成为技术骨干。昌赣客专5标是他参与的第七个项目。由于施工任务繁重，与家人团聚时间少之又少，新婚，他也仅仅休了10天假便匆匆赶回项目一线。

提到江西高铁就不得不提江西特色的高铁旅游。舞春牛、唱山歌，2019年12月27日，"乡约江西过大年"——2019江西冬季主题旅游线路产品发布暨"昌吉赣"高铁旅游联盟成立仪式在崇义县上堡梯田景区举行。南昌、吉安、赣州三地利用高铁交通优势和沿线红色旅游资源，共同发起成立"昌吉赣"高铁旅游联盟，联合推出"成功之路"红色旅游精品线路，以吸引更多海内外游客前来观光，激活和带旺三地旅游市场。业内人士指出，昌赣高铁的开通极大地提升了赴赣旅游交通的便捷性。"昌吉赣"高铁旅游联盟的成立，将进一步促进南昌、吉安、赣州三地合作共赢，联合打造高铁旅游和红色旅游精品线路、建立高铁旅游宣传平台、开发高铁旅游市场、加强文化旅游项目合作、促进旅游人才交流培训、规范高铁旅游市场体系。昌赣高铁将串联起昌吉赣三地旅游资源，培育三地高铁旅游品牌，唱响"红色高铁之旅"，带动沿线绿色生态、历史文化、休闲度假等旅游业态发展，为江西旅游发展释放新动能。

越织越密的高铁网络，为打造高铁经济带奠定良好基础。江西目前以"一圈引领、两轴驱动、三区协同"的区域发展战略为统领，依托沪昆、京九这两大高铁通道，与附近的快速铁路相联系、结合普速铁路以及高速公路等多种交通方式，共同助力推动沿线城镇交通互联互通、城乡融合一体。打造以高铁为核心，多种交通方式并行交通运输网络体系。点线面结合、多层次推进，着力打造沪昆、京九高铁经济发展主轴，构建"一核四枢纽、两轴四板块"的高铁经济空间布局，加快形成空间优化、功能合理、网络健全、协调发展的高铁经济带。

昌赣高铁走向
（江西省人民政府网）

知识拓展

江西重大铁路项目

　　昌吉赣客运专线，又名昌赣高速铁路，简称昌赣高铁，北连南昌市，南接赣州市，全长418公里，设计时速350公里，2019年12月开通运营。该客运专线是陆路丝绸之路的重要组成部分，是连接长江经济带与珠三角的主要通道，是吉安和赣南人民期盼已久的脱贫路、致富路。

　　2022年11月，昌九高铁、瑞梅铁路、长赣高铁开工建设动员大会在南昌举行。昌九高铁、瑞梅铁路、长赣高铁是我省"十四五"时期规划建设的重大铁路项目，3个项目建设总里程804.2公里，总投资1362.4亿元，3个项目建成后，加上2023年计划通车的昌景黄高铁，我省铁路运营总里程将突破6000公里，其中高铁达2718公里，将进一步提升江西在全国铁路网中的地位，为推动全省高质量跨越式发展提供更加有力支撑。

5. 云端筑梦，展翅高飞

 导 语

　　江西是新中国第一架飞机的诞生地，具有深厚的航空工业基础。江西省委、省政府对于航空产业的发展也是给予了高度的重视，始终坚持把航空产业放在突出位置，举全省之力共圆江西航空梦。在国家科技重大专项C919 飞机机体制造过程中，江西省承担了超四分之一的份额，倾力打造大飞机核心试飞基地，把江西航空产业紧紧嵌入全球航空产业合作链条。如今，江西成为全国唯一同时拥有旋翼机和固定翼机研发生产能力的省份，也是全国首个省局共建的民航适航审定中心、首张无人机航空运营许可证、首个低空空域管理暨通航飞行服务院士工作站。

　　中国工程院首批院士之一、南昌航空大学首任校长、被誉为"强 5 之父"的陆孝彭院士，在 20 世纪 60 年代艰苦的环境下，克服诸多困难，成功研制了我国第一种出口的作战飞机——强 5 飞机。1985 年，在巴黎举行

的世界航空博览会上，强 5 飞机被法国总统密特朗誉为
"亚洲明星"！

江西是新中国航空工业的摇篮，是新中国第一架飞机
的诞生地，也是国内唯一同时拥有大型旋翼机和固定翼飞
机研发生产能力的省份。截至 2023 年 10 月，全省拥有航
空企事业单位 141 多家。其中，航空制造整机及配套单位
97 家，航空运营、服务单位 29 家，航空科研教育单位 15
家。已形成集科研、制造、运营、审定、试飞、服务于一
体的较为完备航空产业链条，并构建以南昌、景德镇为核
心区，九江、吉安、赣州等地为协同区的"双轮驱动、多
点支撑"的产业空间发展格局。

尤其值得骄傲的是，江西航空产品谱系相对齐全，拥
有教练机、直升机、无人机以及大飞机部件等较完整的飞
机产品体系。教练机形成了初、中、高级教练机系列化产
品，直升机形成了大、中、轻型直升机系列化产品，无人
机形成了固定翼、多旋翼系列化产品。在航空制造规模方
面，江西居全国前列。

航空产业是引领江西产业升级的新动能。研究表明，
汽车对经济的拉动比大约为 1∶4；航空产业对经济的拉动
比大约为 1∶10，航空产业对就业的拉动比为 1∶12。国际
经验表明，一个航空项目发展十年后带来的效益产出比为
1∶80。在我国，一个飞机项目可以直接带动 600 家企业，
间接带动 2500 家企业。

近年来，江西航空产业发展势头强劲，每年均保持了20%左右的高速增长，产业规模加速壮大，主要经济指标保持快速增长态势，2022年江西省航空产业总收入1604.56亿元，2023年有望突破1750亿元。

2023年，江西又出台了包括航空产业在内的江西省制造业重点产业链现代化建设"1269"行动计划，提出以产业链链长制为抓手，在科技创新、金融扶持、人才激励、土地供应等方面对航空产业予以支持。目前，占地50平方公里的南昌航空城、12平方公里的景德镇航空小镇已具备一定规模。

江西省出台的《江西省制造业重点产业链现代化建设"1269"行动计划（2023—2026年）》（以下简称《"1269"行动计划》）中，航空产业被列入12条重点产业链条之一。《"1269"行动计划》指出，到2026年，全省航空产业链营业收入力争达到2500亿元。

《"1269"行动计划》明确，江西未来三年将形成以南昌航空城、景德镇航空小镇为重点，以吉安桐坪、九江共青城、赣州南康等地为支撑的"双轮驱动、多点支撑"产业空间格局，构建集航空制造、民航运输、航空服务、临空经济"四位一体"协同发展的现代航空产业体系，着力将江西打造成为全国教练机、直升机、通用飞机等研制生产的核心基地，全国领先的民机生产试飞、航空配套、大部件装配乃至总装的重要基地，国家通航产业发展的示范

　　基地，航空应急救援装备制造运营综合示范基地。

　　此外，江西正规划打造以南昌昌北国际机场为主枢纽、赣州黄金机场为次枢纽、7 个支线机场为补充的"一主一次七支"运输机场格局。到 2025 年底，全省规划建成 25 个以上通用机场，为航空产业发展提供有力支撑。

　　走进南昌航空城展示馆，初教 –5、初教 –6、K8 飞机、国产大飞机 C919 等各类飞机模型让人目不暇接，每一架飞

数架 L15 高教机列阵瑶湖机场蓄势待飞（航空工业洪都供图）

机都见证着新中国航空工业发展壮大的历程。俯瞰展示馆巨型沙盘，南昌航空城蔚为壮观。该航空城规划面积 50 平方公里，分为航空产业区、机场试飞区、军民融合产业区、综合配套区、航空特色小镇、滨湖生态区等六大功能区，是目前国内面积最大的航空产业集聚区。

产业发展有热度，人气是基础。为进一步加强航空领域人才队伍建设，江西于 2019 年出台了《加强全省航空产业人才队伍建设的若干措施》，从人才引进、培养、子女入学、教育、住房和税收等15个方面吸引航空专业人才。如对高层次人才创办的符合条件的航空产业小微企业，贷款额度最高可达600万元，并按规定进行贴息；贷款额度在100万元以内的，可免除担保、反担保措施；航空企业高层次人才的费用性支出，符合规定的允许在企业所得税税前扣除；鼓励人才集聚的航空产业企事业单位、产业园区平台利用自用土地规范建设公共租赁住房，解决航空产业人才住房问题。

中国的飞机制造业人才需求的潜力巨大，飞机发动机制造工程师；飞机发动机装配工程师、调试工程师；飞机发动机主体、附件维修工程师；机械零件加工工艺规程编制工程师；飞机发动机零部件、整机检验工程师等都是当前我们国家航空行业需要的大量高精尖人才。

2023年12月，江西省南昌市制定出台了《南昌新"人才10条"》(以下简称新"人才10条")。新"人才10条"在《南昌"人才10条"》的基础上，延伸人才选用触角，聚焦重点领域、产才融合、高端人才，调整优化人才政策体系；重点围绕青年人才、高层次人才、创新创业人才团队等构建政策体系，以生活有补贴、就业有岗位、安居有实惠、创业有扶持、创新有奖励、发展有平台、服务有保障、兑现有效率等8个方面为着力点，支持各类人才来昌留昌创业就业。

新中国第一架飞机诞生地——航空工业洪都

航空工业江西洪都航空工业集团有限责任公司（以下简称航空工业洪都），创建于 1951 年 4 月 23 日，是集科研、生产和经营为一体，拥有完备的飞机、导弹研制生产能力的专业航空研发制造企业，兼具"厂所合一、机弹合一、战训合一"特点，拥有一个国家级企业技术中心和博士后工作站，特别是强 5 飞机总设计师陆孝彭、K8 飞机总设计师石屏先后当选中国工程院院士。航空工业洪都为新中国航空事业发展作出了杰出贡献，培养造就了大批优秀人才，现有员工万余人。自建厂以来，航空工业洪都先后研制生产了 5 大系列 20 多种型号飞机，交付飞机 5000 余架。经过 72 年的深耕细作，航空工业洪都已经拥有以初教 6、K8、L15 等为代表的初、中、高级全谱系教练机产品。

航空工业洪都始终坚持自主创新，为新中国航空工业事业发展积极贡献力量：试制成功新中国第一架飞机——初教五（雅克 -18），第一架多用途民用飞机——安 2（运 5）运输机，第一辆军用边三轮摩托车——长江 750，自行设计制造的第一架初级教练机——初教六，自行设计制造的第一架超音速喷气式飞机——强 5，第一枚海防导弹——上游一号，第一架全过程按国际适航标准研制的新型农林专用飞机——农 5，第一个

初教6飞机、K8飞机、L15 高级教练机同框飞行（航空工业洪都供图）

通过自筹资金、国际合作、全新研制的基础教练机——K8，第一个以飞机整机为主营业务的股票——洪都航空，自主设计制造的最新一代比肩一流、拥有自主知识产权的高级教练机——"猎鹰"L15等等。值得一提的是，K8系列飞机已出口10余个国家，一度达到国际市场同类飞机70%的份额（峰值达75%），并成功输出3条生产线、3条大修线，是中国第一个成套出口飞机生产线和对外输出飞机设计和制造技术的飞机型号，被国际航空界誉为"亚洲明星"。

进入新时代，航空工业洪都不忘航空报国初心，牢记航空强国使命，秉承"忠诚奉献，逐梦蓝天"的航空报国精神，着眼长远、高起点规划建设了南昌航空城洪都产业园区，并于2019年实现整体搬迁入驻，园区核心工程瑶湖机场也全面建成并投入使用，具备L15、大型客机等试验试飞能力。四届南昌飞行大会已在航空新城成功举办，成为展示江西乃至中国航空产业发展成就的靓丽名片。

6. 建功立业新时代

 导 语

　　党的十八大以来，江西第一、二产业的保持着比较明显的相对优势，第三产业相对优势快速提升。江西凭借自身资源优势和区位优势，大力发展有色金属冶炼、建材、电子设备制造等行业。同时，江西青年在建设推动江西第三产业的发展起着重要的推动作用，在江西新时代建设进程中留下了浓墨重彩的一笔。未来，江西将围绕"2+6+N"产业体系规划，为推动新时代江西经济的高质量发展建功立业。

　　《江西省"2+6+N"产业高质量跨越式发展行动计划》于 2019 年出台，提出了江西要在五年内，实现有色金属、电子信息 2 个产业主营业务收入过万亿元，装备制造、石化、建材、纺织、食品、汽车 6 个产业过 5000 亿元，航空、中医药、移动物联网、半导体照明、虚拟现实、节能环保等 N 个产业突破千亿元。目标的实现离不开江西人民的努力奋斗，青年作为时代的中流砥柱，在实现产业高质量跨越中起着不可忽视的推动作用，我们以中医药、虚拟现实两个产业为例，来看看江西是如何在新时代建功立业，来看看江西青年是如何用自己的实际行动江西助力经济高质量发展的。

2016 年，国家中医药管理局和江西省政府签署《共同推进中医药发展合作框架协议》和《共建江西中医药大学协议》。中国中医科学院在江西中医药大学设置我省首个院士工作站，在上饶德兴市建立实训基地、在抚州市黎川县开设远程诊疗示范点。在国家中医药管理局和中国中医科学院支持下，我省推进中医药强省战略扎实有效，中医药产业已连续多年位居全国第一梯队。

当前，我省成为贯彻落实国家中医药大会精神的试验区。近年来，我省在破除以药补医、重建运行机制上，在深化公立中医院综合改革中，也取得了积极进展和明显成效。明确各地有条件的县（区）要按照国家和省规定的基本标准，办好 1 所公立中医类医院；城市三级中医医院要提供危急重症和疑难复杂疾病的中医诊疗服务和中医优势病种的中医门诊诊疗服务；三级公立中医医院全部参与医联体建设，推动优质中医医疗资源下沉基层，让更多的人民接触中医药，了解中医药。

在促进中医药惠民发展中，江西省抚州市黄县曹山中医青年团队做出了重要贡献，该团队是在 2020 年抗击新冠肺炎疫情过程中组建的集科研公益、医疗志愿者及慈善公益组织于一体的公益志愿者团队，由抚州曹山中医药研究院、曹山中医医院和江西曹洞慈善基金会的青年志愿者组成。

团队研制中药汤剂，免费向全国发放并公开药方，多次组织执业医师先后驰援抚州市、新余市、上饶市、湖北省随州市等地。该团队同时致力于公益活动，自成立以来，每周定期开展基层义诊活动，连续几年从未间断，在抚州市宜黄县及崇仁县针对乡村医生开展中医培训，先后服务、教育乡村医生200余名。关注未成年人义务教育后再进行职业教育，已为25名未成年青少年开展中医职业培训，为中医药事业的发展贡献出青年力量。

无人机航拍华润江中药谷
（摄影：江西日报记者洪子波）

江西中医药发展离不开青年人才的培养与建设。2017年，江西省委、省政府作出中国（南昌）中医药科创城建设的决策部署。科创城建设规划范围为 15 平方公里，建设期间坚持创新研发与人才集聚协调推进、产业孵化与成果转化深度融合，着力构建融合开发、要素集聚、功能完善的中医药创新综合体。目前，科创城已布局中药国家大科学装置、中国中医科学院大健康研究院、全国道地药材质量评价研究中心、国家级技能人才培养综合园区等"国字号"重点创新平台项目。2021 年 6 月，江西省出台的《关于加快中医药特色发展的若干措施》提出要夯实中医药人才基础，提升中医药教育水平。扩大优秀应届中医药学专业本科毕业生推荐免试攻读研究生规模，开展中医药长学制人才培养等举措，助推更多青年人才流入中医药发展事业。

如果说中医药产业是助推江西经济高质量发展的传统产业，那么虚拟现实则是推动江西在新时代建功立业的现代产业。当前，以互联网、大数据、人工智能等为代表的现代信息技术日新月异，新一轮科技革命和产业变革蓬勃推进，智能产业快速发展，对经济发展、社会进步、全球治理等方面产生重大而深远影响。

VR（Virtual Reality，虚拟现实）是新一代信息技术的重要前沿方向，是数字经济的重大前瞻领域。2016 年，南昌打响了全球城市级虚拟现实产业布局"第一枪"。随后，江西省先后出台了一系列 VR 产业扶持政策，致力抢占虚拟现实产业制高点。

一是加大政策扶持。2017 年 3 月，江西省政府出台了《关于加快发展新经济培育新动能的意见》，将 VR 产业列为发展新经济、培育新动能的重点领域。成立了 VR 产业发展领导小组，出台了《关于加快虚拟现实产业发展的若干措施》等政策性文件，将 VR 产业列入了江西"2+6+N"产业高质量跨越式发展行动计划。南昌市启动了全球首个城市 VR 产业规划，打造 VR 产业发展高地。

二是加快基地建设。南昌市投资 10 亿元倾力打造全国首个城市级 VR 产业基地，总面积约 9 万平方米，已落户微软、联想、HTC、爱奇艺、欧菲科技、清华紫光、中国网库、小霸王、北京理工大学等多家龙头企业和顶级机构。

三是抓好项目落地。围绕 VR 产业研发、园区运营、内容制作、软件开发、人才培训，重点洽谈、推进了阿里巴巴全国电商基地中心、HTC 行业应用旗舰店和（南昌）制造创新中心、科大讯飞江西智能总部、深圳科技工业园（南昌）未来产业园、网龙南昌 VR 人才教育中心等大批 VR 行业重点项目。

2022 年 11 月 12 日至 13 日，由工业和信息化部、江西省人民政府联合主办的 2022 世界 VR 产业大会在江西南昌隆重举办。在大会开幕式上，国家虚拟现实创新中心揭牌成立。作为中国以及全球虚拟现实产业专业展会，世界 VR 产业暨元宇宙博览会已成为行业内首屈一指的顶尖盛会，为虚拟现实产业搭建产需对接、专业产业展示优质平台。

在 VR 产业大会的活动过程中，青年志愿者发挥了重要作用，助力 VR 产业大会圆满完成，志愿者们虽职能不一，但都全天在岗，以热枕的态度满腔热血地履行着志愿职能，提供着志愿服务；他们主动服务、有问必答，热诚主动、细致入微，每一个举动、每一个细节都彰显热情和真诚；他们衣着整齐端正，笑容温暖亲切，像一张张亮丽的名片，向世界展示江西的真挚和好客。

头戴小白帽，身穿白蓝相间上衣和蓝色裤子，年轻而充满朝气的面容与身姿，这就是南昌大学的青年志愿者们。无论是在主会场、分会场，还是随行大巴上，都可见他们的身影，他们是会场上最青春亮眼的风景线。在会展中心，每当有中外宾客走进展厅，展览展示组的志愿者都会热情相迎，用多国语言对展台上的 VR 产品一一介绍。

在会场外围，志愿者们面带微笑，笔直地站守在岗位上。会议现场，志愿者们有序引导嘉宾入场退场，并帮助他们找到自己的座位，维护现场秩序。

在嘉宾接待组，志愿者还提供专业的翻译服务，与外宾们沟通交流，介绍中国、介绍江西，让他们感受到美丽中国、美丽江西的风采。大会期间，志愿者认真负责、仔细周到的工作态度得到了社会各界人士的肯定，他们优异表现也得到国内外嘉宾、大会主办方的一致认可和赞扬。

2023 年上饶市青年职业技能大赛
"光电项目"竞赛圆满落幕

2023 年 11 月 21 日，由共青团上饶市委、上饶市人力资源和社会保障局、上饶市青年联合会主办的上饶市青年职业技能"光电项目"竞赛在上饶市宇瞳学校举办。

本次竞赛分为镜头外观检查和光学像质检测两个操作项目。来自全市共 11 个代表队 80 余名选手同台竞技。参赛选手们通过娴熟的实际操作能力和积极向上的职业精神，充分展现了新时代青年技能人才以初心担使命，以奋斗致青春，敢于挑战的良好精神风貌。经过激烈角逐，大赛两个项目各产生一等奖 1 名、二等奖 2 名、三等奖 3 名。

本次青年职业技能大赛是全市青年"学习宣传贯彻党的二十大精神 奋力投身建设制造强市火热实践"专项行动的重要内容，据悉，获奖人员还将授予"上饶市青年岗位能手"荣誉称号。

（来源：上饶市共青团）

7. 请党放心，强国有我

 **导 语**

　　"未来属于青年，希望寄予青年。""新时代的中国青年要以实现中华民族伟大复兴为己任，增强做中国人的志气、骨气、底气，不负时代，不负韶华，不负党和人民的殷切期望！"习近平总书记在庆祝中国共产党成立 100 周年大会上再次对青年提出殷切期盼。三个"不负"，是习近平总书记对新时代中国青年提出的要求，也是一份沉甸甸的嘱托。在北京天安门广场，千名共青团员、少先队员代表集体向党献词是中国青少年向建党百年最深情的告白，"请党放心，强国有我！"的铮铮誓言，是当代青少年对党许下的青春誓言。

　　青春是我们党与生俱来的优秀基因，青年是我们党干事创业的重要力量。习近平总书记曾指出，"我们党取得的所有成就都凝聚着青年的热情和奉献"，百年来，一批又一批中国青年为了实现国家富强、民族振兴、人民幸福接续奋斗，为了建设他们理想中的美好中国甚至不惜牺牲年轻的生命。陈树湘、赵一曼、刘胡兰、江竹筠、邱少云、黄继光、雷锋……他们的青春故事不断激励着后人；当年钱学森、邓稼先等一大批青年英才突破重重封锁从海外回国，成为建设新中国的栋梁。进入新时代，一批又一批中国青年与时代同行，在实现中华民族伟大复兴中国梦的生动实践中放飞青春梦想，青年党员、团员始终冲在一线，用青春的蓬勃力量证明新时代的中国青年是好样的。

在庆祝中国共产党成立100周年大会以及庆祝建党百年文艺演出中，来自北京市多所学校的数千名青少年学生共同组成一个个青春洋溢的合唱方阵，用歌声祝福党的百年华诞。"唱支山歌给党听，我把党来比母亲"，清亮的童声合唱第一个划过广场上空，很多人不禁热泪盈眶。女声二部合唱拨动人们的心弦，军乐团继而奏响雄壮的乐章……"党的光辉照我心"的旋律就这样层层递进地从合唱团中荡漾开来，唱到每一个人心间，整个广场都洋溢着青春的气息。青年学生们欢唱着"我们走在大路上"，感受着"社会主义好"，誓言"我们是共产主义接班人"，闯出一片"新的天地"……连续7首耳熟能详的经典红歌被重新演绎，让人感到亲切又新鲜，整个会场渐渐"热"了起来。跟着孩子们的歌声，数万观众从倾听到低吟，再到挥舞着手中的红旗全场大合唱，几代人的心碰撞在一起，跟着歌声从天安门广场放飞，翻过高山，越过平原，跨过奔腾的黄河、长江，歌唱祖国、歌唱新时代。

广场合唱团的学生从 2021 年 3 月份开始选拔，他们经历了无数次的训练、彩排。学生们还要参加形体、体能等训练。6 月以后，训练愈发密集，北京天气也越来越热，100 多天里，合唱队员的平均训练时长超过 400 小时。为了保证整个近三千人的团队歌声和动作一致，学生指挥们不仅是合唱团的"灵魂"，也是全场数万人大合唱的引导员。每一个学生指挥都经历了 90 多天的魔鬼训练，有时候一天的训练时长甚至达到 12 小时，挥拍 2 万次。合唱团的歌声如此美妙动听、动作如此整齐划一，这与青少年代表们不怕辛苦、刻苦练习密不可分。

按照中央统一部署，共青团中央将庆祝建党 100 周年作为贯穿 2021 年的工作主线，广泛开展党史学习教育、"我为群众办实事"实践活动、"青春同心·永跟党走"等教育实践活动。组织共青团员开展"请党放心·强国有我"主题团日活动，组织少先队员开展"争做新时代好队员"主题队日队课，组织动员青少年开展一系列形式新颖、互动性强的线上线下活动，在面向全社会开展党史、新中国史、改革开放史、社会主义发展史宣传教育中充分彰显共青团的助手和后备军作用。组织实施好"奋斗百年路·启航新征程"大型宣传报道活动。共青团作为党缔造和领导的青年政治组织，把党史学习教育作为作为武装团员思想和引领深化青少年思想政治的重大契机，引导广大团员青年厚植爱党、爱国、爱社会主义的情感，让红色基因、革

请党放心，强国有我

命薪火代代传承。

　　青年是祖国的未来、民族的希望，也是我们党的未来和希望。"新的百年，听党话、感党恩、跟党走，同心向党，奔赴远方！"在中国共产党成立 100 周年庆祝大会上，共青团员和少先队员代表集体致献词，"奋斗正青春！青春献给党！"嘹亮誓言回荡在天安门广场上。一张张朝气蓬勃的面庞，一声声热情洋溢的呼唤，寓意着党和国家事业后继有人，透射出新时代中国蒸蒸日上的青春模样。向着全面建成社会主义现代化强国的第二个百年奋斗目标迈进，正需要新时代青年同心向党、矢志复兴，奉献祖国、奉献人民，不辜负党的期望、人民期待和民族重托。

 **知识拓展**

中国共产党成立 100 周年大会共青团员和 少先队员代表集体致献词（全文）

今天，我们站在天安门广场，紧贴着祖国的心房

今天，我们歌颂人民英雄的荣光，见证如他们所愿的梦想

今天，我们向党致以青春的礼赞

走过百年，风华正茂的中国共产党

今天，我们对党许下青春的誓言

新的百年，听党话、感党恩、跟党走

同心向党，奔赴远方

妈妈对我说，在每个人心中，中国共产党都是光荣的模样

党是冉冉升起的旭日，驱散黑暗，带来光明

将可爱的中国照亮

党是高高飘扬的旗帜，昭示信念，指明方向

为可爱的中国领航

老师告诉我，一百年前，古老的中华大地诞生了中国共产党

播撒信仰的火种，点亮真理的强光

这束光，激发了井冈山上的革命理想

星星之火，可以燎原

这束光，照亮了长征路上的正确方向

雄关漫道，万水千山

这束光，辉耀了宝塔山上的民族希望

保卫华北，保卫黄河

这束光，映照了百万雄师横渡长江

天翻地覆，正道沧桑

你看，天安门广场升起第一面五星红旗

中国人民从此站起来了

当家做主人，建设新中国

这是中国人民满怀豪情的激昂

你听，"抗美援朝，保家卫国"的军歌嘹亮

你听，大庆铁人"拼命拿下大油田"的誓言铿锵

你听，"两弹一星"震惊世界的东方巨响

你听，红旗渠"誓把河山重安排"的豪迈乐章

到祖国最需要的地方去

南海潮涌，东方风来，春天的故事在希望的田野上铺展

故事里，有开放的特区敢为人先

故事里，有回归的港澳游子团圆

故事里，青藏铁路连接团结进步的桥梁

故事里，奥运火炬点燃自信自强的烈焰

团结起来，振兴中华

站起来、富起来、强起来

新时代的号角响彻河山

脱贫攻坚，全面小康，千年梦想今朝实现

坚持以人民为中心

嫦娥探月，蛟龙深潜，大国重器世人惊艳

科技强则国家强

生态文明，绿色低碳，美丽中国展开画卷

绿水青山就是金山银山

和平发展，合作共赢，"一带一路"互通互联

推动构建人类命运共同体

新阶段、新理念、新格局

中国道路、中国奇迹举世称赞

为人民谋幸福，为民族谋复兴

满足人民对美好生活的向往

矢志不变

江山就是人民，人民就是江山

梦在前方，路在脚下

我们都是追梦人

为实现第二个百年奋斗目标，为实现中华民族伟大复兴的中国
梦，准备着；为共产主义事业而奋斗！时刻准备着；不忘初
心，青春朝气永在，志在千秋，百年仍是少年，奋斗正青春，
青春献给党！

请党放心，强国有我！

请党放心，强国有我！

请党放心，强国有我！

请党放心，强国有我！

8. 学习新思想，争做新青年

 **导 语**

　　广大青年生逢伟大时代，是党和国家事业发展的生力军，必须练好内功、提升修养，做到信念坚定、对党忠诚，注重实际、实事求是，勇于担当、善于作为，坚持原则、敢于斗争，严守规矩、不逾底线，勤学苦练、增强本领，努力成为可堪大用、能担重任的栋梁之才，不辜负党和人民期望和重托。作为新时代的青年人，我们应当牢记习近平总书记的嘱托，勇于创新，积极作为，成为不负时代、不辱使命的新青年。

　　习近平总书记强调，"青年工作，面向的是未来，攸关党和国家前途命运"。共青团胸怀"国之大者"，各级团组织高举习近平新时代中国特色社会主义思想伟大旗帜，全面深入贯彻习近平总书记关于青年工作的重要论述，努力把广大青少年培养成为德智体美劳全面发展的社会主义建设者和接班人。同时着眼于培根铸魂，持之以恒抓好青年理论武装、青少年爱国主义教育、社会主义核心价值观培育践行、共青团网络舆论引导等工作，引导青年自觉听党话跟党走、坚定理想信念。当前和今后一个时期，要突出习近平新时代中国特色社会主义思想理论武装，深化青年大学习行动，组织团员青年深入学习习近平总书记在建团百年庆祝大会上的重要讲话和《论党的青年工作》，深切感受总书记和党中央的关心关怀，深刻领悟"两个确立"的决定性意义，增强做到"两个维护"的思想自觉。

2018年5月2日，在五四青年节和北京大学建校120周年校庆来临之际，习近平总书记来到北京大学考察，同师生座谈并发表重要讲话，向广大青年提出"爱国、励志、求真、力行"的四点希望。他强调，广大青年要成为实现中华民族伟大复兴的生力军，肩负起国家和民族的希望。"广大青年既是追梦者，也是圆梦人。追梦需要激情和理想，圆梦需要奋斗和奉献。广大青年应该在奋斗中释放青春激情、追逐青春理想，以青春之我、奋斗之我，为民族复兴铺路架桥，为祖国建设添砖加瓦。"

2019年4月30日，纪念五四运动100周年大会在北京人民大会堂隆重举行。中共中央总书记、国家主席、中央军委主席习近平在大会上发表的重要讲话中对新时代中国青年提出六点要求。一是要树立远大理想，树立对马克思主义的信仰、对中国特色社会主义的信念、对中华民族伟大复兴中国梦的信心，到新时代新天地中去，让青春在创新创造中闪光。二是要热爱伟大祖国。听党话、跟党走，胸怀忧国忧民之心、爱国爱民之情，以一生的真情投入、一辈子的顽强奋斗来体现爱国主义情怀，让爱国主义的伟大旗帜始终在心中高高飘扬。三是要担当时代责任，让青春在新时代改革开放的广阔天地中绽放，让人生在实现中国梦的奋进追逐中展现出勇敢奔跑的英姿，努力成为德智体美劳全面发展的社会主义建设者和接班人。四是要勇于砥砺奋斗，勇做走在时代前列的奋进者、开拓者、奉献者，在劈波斩浪中开拓前进，在披荆斩棘中开辟天地，在攻坚克难中创造业绩，用青春和汗水创造出让世界刮目相看的新奇迹。五是要练就过硬本领，增强学习紧迫感，努力学习马克思主义立场观点方法，努力掌握科学文化知识和专业技能，努力提高人文素养，以真才实学服务人民，以创新创造贡献国家。六是要锤炼品德修为，自觉树立和践行社会主义核心价值观，明大德、守公德、严私德，追求更有高度、更有境界、更有品位的人生，让清风正气、蓬勃朝气遍布全社会。

2020 年 4 月 22 日，习近平总书记来到西安交通大学会见西迁老教授和师生代表。勉励广大青年学子前赴后继、不懈奋斗，在心中高高扬起爱国主义、集体主义、英雄主义和乐观主义的旗帜，为建成社会主义现代化强国、实现中华民族伟大复兴中国梦不懈奋斗，继续弘扬好"西迁精神"，在新时代创造属于我们这代人的杰出贡献。

2021 年 4 月 19 日，在清华大学建校 110 周年校庆日即将来临之际，习近平总书记来到清华大学考察，在清华大学成像与智能技术实验室同师生们亲切交谈。习近平总书记指出，当代中国青年是与新时代同向同行、共同前进的一代，生逢盛世，肩负重任。广大青年要爱国爱民，要锤炼品德，要勇于创新，要实学实干。

2022年五四青年节来临之际，习近平总书记给中国农业大学科技小院的同学们回信，寄语同学们厚植爱农情怀，练就兴农本领，在乡村振兴的大舞台上建功立业，为加快推进农业农村现代化、全面建设社会主义现代化国家贡献青春力量。

新时代的青年，要认真学习习近平新时代中国特色社会主义思想，贯彻落实党的二十大精神，坚定不移听党话、跟党走，怀抱梦想又脚踏实地，敢想敢为又善作善成，立志做有理想、敢担当、能吃苦、肯奋斗的新时代好青年。

 ## 知识拓展

习近平总书记给青年的寄语（摘录）

1. 有信念、有梦想、有奋斗、有奉献的人生，才是有意义的人生。

——2014年5月4日在北京大学师生座谈会上的讲话

2. 当代中国青年要有所作为，就必须投身人民的伟大奋斗。

——2015年7月向全国青联十二届全委会和全国学联二十六大致贺信

3. 青年是祖国的未来、民族的希望，也是我们党的未来和希望。

——2016年7月1日在庆祝中国共产党成立95周年大会上的讲话

4. 广大青年要坚定理想信念，志存高远，脚踏实地，勇做时代的弄潮儿，在实现中国梦的生动实践中放飞青春梦想，在为人民利益的不懈奋斗中书写人生华章！

——2017年10月在党的十九大的讲话

5. 100年来，中国青年满怀对祖国和人民的赤子之心，积极投身党领导的革命、建设、改革伟大事业，为人民战斗、为祖国献身、为幸福生活奋斗，把最美好的青春献给祖国和人民，谱写了一曲又一曲壮丽的青春之歌。

——2019年4月30日在纪念五四运动100周年大会上的讲话

6. 希望你们珍惜学习时光，练就过硬本领，毕业后到人民最需要的地方去以仁心仁术造福人民群众特别是基层群众。

——2020年2月21日给西藏大学医学院学生的回信

7. 广大青年要肩负历史使命，坚定前进信心，立大志、明大德、成大才、担大任。

——2021年4月19日考察清华大学的讲话

8. 千百年来，青春的力量，青春的涌动，青春的创造，始终是推动中华民族勇毅前行屹立于世界民族之林的磅礴力量！

——2022年5月10日在庆祝中国共产主义共青团成立100周年上的讲话

图书在版编目（CIP）数据

做堪当新时代重任的接班人．第一辑：青年版 /
《做堪当新时代重任的接班人》编写组编．-- 南昌：江西
人民出版社，2024.8
（新时代爱国主义教育丛书）
ISBN 978-7-210-14849-4

Ⅰ．①做… Ⅱ．①做… Ⅲ．①爱国主义教育 - 中国 -
青年读物 Ⅳ．① G647-49

中国国家版本馆 CIP 数据核字（2023）第 167342 号

做堪当新时代重任的接班人·第一辑（青年版）
ZUO KANDANG XINSHIDAI ZHONGREN DE JIEBANREN ·DI-YI JI（QINGNIAN BAN）
《做堪当新时代重任的接班人》编写组　编

策　　　划：梁　菁　黄心刚
责 任 编 辑：王醴颉　魏如祥　郭　锐
本 册 撰 稿：尹文旺
书 籍 设 计：王梦琦

江西人民出版社　出版发行
Jiangxi People's Publishing House
全国百佳出版社

地　　　址：江西省南昌市三经路 47 号附 1 号（邮编：330006）
网　　　址：www.jxpph.com
电 子 信 箱：jxpph@tom.com
编辑部电话：0791-86895309
发行部电话：0791-86898801
承　印　厂：江西新华印刷发展集团有限公司
经　　　销：各地新华书店

开　　　本：880 毫米 ×1230 毫米　1/32
印　　　张：5
字　　　数：120 千字
版　　　次：2024 年 8 月第 1 版
印　　　次：2024 年 8 月第 1 次印刷
书　　　号：ISBN 978-7-210-14849-4
定　　　价：25.00 元
赣版权登字 -01-2024-534